智元微库
OPEN MIND

成长也是一种美好

向学习要结果

用知识解决实际问题

齐 洁 / 著

人民邮电出版社

北京

图书在版编目（CIP）数据

向学习要结果：用知识解决实际问题 / 齐洁著. --
北京 : 人民邮电出版社，2024.7
ISBN 978-7-115-63131-2

Ⅰ. ①向… Ⅱ. ①齐… Ⅲ. ①学习方法 Ⅳ.
①G442

中国国家版本馆CIP数据核字(2023)第218588号

◆ 　著　齐　洁
　　责任编辑　刘艳静
　　责任印制　周昇亮

◆ 人民邮电出版社出版发行　　北京市丰台区成寿寺路 11 号
　　邮编 100164　电子邮件 315@ptpress.com.cn
　　网址 https://www.ptpress.com.cn
　　天津千鹤文化传播有限公司印刷

◆ 开本：880×1230　1/32
　　印张：6.75　　　　　　　　　　　2024 年 7 月第 1 版
　　字数：150 千字　　　　　　　　　2024 年 7 月天津第 1 次印刷

定　价：59.80 元

读者服务热线：（010）67630125　印装质量热线：（010）81055316
反盗版热线：（010）81055315
广告经营许可证：京东市监广登字 20170147 号

让学习结果真正看得见

　　你是否和曾经的我一样，还没想明白自己为什么要学习就对学习热血沸腾，决定悬梁刺股，结果才开始学几天，就发现力不从心、然后放弃了学习，对自己白白浪费了时间和精力感到懊恼？

　　你是否和曾经的我一样，不知道如何正确学习，学得很辛苦乃至产生自我感动，却没有获得想要的结果？

　　你是否和曾经的我一样，将学习界定为看书、考试，硬生生把自己训练成了"书呆子"？

　　你是否和曾经的我一样，明白"书中自有黄金屋"，但对知识应用和技能转化感到不知所措？

　　你是否和曾经的我一样，兴致来了，学起来势如猛虎，却不知道学习需要细水长流，终归只是"间歇性努力，持续性疲惫"？！

　　如果你也是这样的，别着急，别害怕。请你先看看同学 A 和同学 B 的故事。

同学 A 是一个对目标很执着的人。2015 年，他下定决心考研，自此便辞去了工作，一头扎进学习中。他每天都严格制订学习计划、完成学习计划。可能是运气欠佳，他的考试成绩有三四次都以小分差与录取分数擦肩而过。如此跌跌撞撞，一直到第五次，他才终于通过了研究生考试。

他用"裸辞"和 5 年时间，换来了一张研究生录取通知书。在收到录取通知书的那一刻，他却突然感觉自己"一贫如洗"。他发现，除了这张录取通知书，自己好像什么都没有了。

在很长一段时间内，同学 A 都感到非常失落，他开始怀疑自己的选择：现在的结果是自己想要的吗？学习的代价是不是太高了？

再看同学 B。临考试前 3 个月，他才下定决心考研。却不料，工作、生活中的琐事像捣蛋鬼一样时不时地跳出来打扰他。忙碌使他疲惫不堪，那个想集中心力学一场的计划一次次被打断。直到考试前一刻，同学 B 对考试内容的印象依旧是一片空白。结果可想而知，心血来潮的同学 B 没有考上研究生。

回过头来看，同学 B 花费的时间少，但是同学 B 没获得令人满意的结果，3 个月的努力自然如竹篮打水。

一个人再辛苦，做了再多事情，如果没有达成目标，也算不上是真正的高效人士。

我们经常以为快就是高效，甚至喜欢强调一件事情做得快不

快，却很少考虑一件事情做得好不好。

其实，判断学习效果好不好应该有两个指标：一是结果；二是成本。

高效人士应该是高效益的。

来看看经济学中的效益一词。经济效益是衡量一切经济活动的最终综合指标，用公式表示为**经济效益 = 生产总值 / 生产成本**；将此公式移植到学习中就是，**学习效益 = 学习结果 / 学习成本**。

注意：效率不等于效益。

效率 × 结果 = 效益。这可以被理解为，效率衡量做事速度（快），而结果衡量做事过程的价值（有结果），两者的叠加才是效益（又快又有结果）。

曾经的我，也只顾做事的效率，而不顾做事的效益和结果；将忙碌视为对勤奋的完美表达。那时的我，正如在滚轮中奔跑的小仓鼠，马不停蹄，幻想着自己日行千里，回头才发现自己仍然停留在原地。

那些跟着书本努力学习、拼命吸收知识的行动，花去了我无数的时间和无穷的精力，却没有让我拥有任何拿得出手的结果。

结果才能衡量努力过程中的价值。

正如一簇簇成熟的庄稼，它衡量了庄稼人挥洒汗水的价值。

正如减掉的 5 千克体重，它衡量了自己多少个日日夜夜"管住嘴、迈开腿"的价值。

因此，我要提醒你，没有结果的学习是低效的乃至无效的。

你需要向学习要结果，让别人不仅看到你的努力，更看到你的结果。

当我确立向学习要结果的学习原则后，那些书本上的知识对我来说才开始变得立体丰满、活灵活现；知识和知识之间、图书和图书之间才开始在我心中产生明确的连接。原本零乱、沉睡的学习"种子"突然醒了过来，开始由点成线、由线成面、由面成体地生长，并在时间的作用下，不断产生、放大效益，带来了结果，慢慢地丰富了我的学习丛林。

向学习要结果这一学习原则，指引我不断学习，不断进步。

正是在一个个小结果的激励下，我作为一个毕业于普通二本院校的学生，"三跨"（跨专业、跨地区、跨学校）考上了公费研究生，攻读完了中国人民大学博士；也正是在结果的激励下，我才能在 30 岁时完成博士后的学习；之后在职场中也是平均用三个月的时间备考，最终我通过了多门考试，包括中级经济师、高级经济师、人力资源管理师等资格考试。

作为一个吃过学习的"苦"的人，我明白寻寻觅觅的艰辛，也明白收获满满的欣喜。

我将尽力回顾和总结自己的学习之旅，尽心为你呈现我相信并验证过的向学习要结果的具体工具、方法和路径。我希望与你一同行走在学习、成长的路上，一起找寻学习的乐趣，拓展学习的意义，获得学习的结果；我希望与你共同站上知识的山巅，运用知识换来可以让我们熠熠生辉的实在结果，让学习带来的"阳光"照亮我们的人生。

目 录

执行篇 · 管理自我

执锐披坚，所向披靡　95

创造篇 · 成就自我

标新创异，新益求新　143

精进篇·超越自我

觉察篇·认识自己

洞察自我，觉知潜能

认识你自己。

——苏格拉底

高效学习、逢考必过，不是"别人家孩子"才拥有的能力。只要你敢于选择正确的学习方法，敢于选择与众不同，敢于选择相信自己，就会开启高效学习的大门。

高效学习，不是能力，而是选择，是自我洞察和潜能觉知。

别小看一次普通的选择，它往往可以改变一个人的思想、行为、结果甚至人生。先选择高效学习的方法，才会产生高效学习的结果。因此，正确的选择是一种自爱。

大部分人都需要"触动"才能发生改变。

真实的自我洞察，如同火柴，在我们的心底"呲"地划出了火花。

火花能否带来火焰、爆炸，取决于每个人的自燃点高低和弹药充足与否。

一个人真正地在进行自我洞察，保持向学习要结果的敏感，就是在不断降低自燃点，不断补充自己的弹药。

➲ 案例一线：我可能根本不是学习的料

2020 年 12 月的一天，一位 35 岁的妈妈通过群分享认识了我。她在知道我 18 ~ 28 岁的 "10 年学习计划" 以及我从普通二本毕业生逆袭为博士后的心路历程后，在微信上给我留言："你的学习能力太让人羡慕了，如果可以早点认识你，也许我就有另外一种活法了。"

当时我回复她："现在认识也不晚，一切都是刚刚好。"

实际上，在 22 岁之前，我从来没有想过自己会有这么一天，更没想过自己会拥有他人羡慕和赞赏的学习能力。

7 岁的时候，为了学好拼音，我这个 "笨孩子" 也吃过不少苦。

每天睡觉前，我都要坐在小小的床上，趴在我的小板凳 "书桌" 上学习。而我的父亲，则拿着他心爱的钓鱼竿，指着贴在墙上的拼音表，反反复复地教我。

他教一遍，我记不住，他教两遍，我还是记不住，那他就教第三遍、第四遍。

多年以后，每次父亲讲起这一段 "历史" 时，都深有感触地说："那时候，有很长一段时间，半夜听到你说梦话时都在背拼音，我特想哭，想着我娃娃会不会智商有问题，怎么学得这么慢？"

这段话现在听来令人唏嘘，但我就是在这种晃晃悠悠和懵懵懂懂中度过小学生活的。

12岁时，我开始学习英语，看见类似拼音的"外星字母"，我的脑袋又成了糨糊桶。

在整个中学时期，我的学习成绩也只能算差强人意。

18岁时，我以刚过二本线的成绩考入一所普通大学，就读化学专业。

刚到学校，我的头脑里出现的话语都是：**18年都这样了，这辈子也就这样了。**

好在，在18岁的时候，我"醒"了过来。

10年后，28岁那年，我顺利拿到了中国人民大学的博士毕业证，30岁博士后出站，并且于同年生了孩子，成为别人羡慕的拥有强大学习能力的人。

在这10年中我身上到底发生了什么，是什么东西点燃了我心中的火花，让我从"不是学习的料"逆袭为逢考必过的"学霸"？

电影《哪吒之魔童降世》中那句"我命由我不由天"，不仅仅是一句"燃爆"了的金句，更代表了比别人敢选择的勇气。**比别人敢选择，我们就比别人多了一次机会。**

很多小伙伴在多次学习失败后，就断定自己学习能力太差，认为自己就是"学渣"，从此不再尝试，就如一头头被链子拴住了的大象。

一些大象在小的时候，会被铁链绑在水泥柱或钢柱上，因为力气不够大，它们无论怎么挣扎都无法挣脱铁链。试过多次后，它们渐渐习惯了被铁链绑着，不再挣扎，即使长大了，可以轻而易举地挣脱链子了，它们也会甘心受铁链的限制，不再挣扎，不再想逃脱。

面对学习，有些人给自己贴上"不是学习的料"的标签，系上"铁链"；有些人却尽力挣扎，转变心态，鼓足勇气，探索方法，相信学习可以改变自我。

在大学里，我用了近两年的时间才调整好心态，忘却伤痛，开始主动关注身边的"学霸"，模仿他们，摸索可以让自己在短时间内实现学习目标的方法，并试图举一反三，触类旁通。在那段时间里，我的自我洞察让我产生了一种感觉：仿佛坏掉的电缆突然"通电"了，我的脑子一下子"灵"了起来，我不再畏惧学习，甚至期待新的学习任务。

搭建学习系统

2021年5月，我的高中同学组织了一场线上同学聚会，我的高中化学老师裴老师应邀参加聚会。

没想到，同学们高中毕业近20年，裴老师对每个同学都记忆深刻，一一说出了当天参加聚会的同学的学习特点和个性特征。

说到我的时候，裴老师爽朗地说："齐洁，当然知道，那个胆子很大的女生。"随后，还发给我一张带有原始笔迹的高三模拟考试卷以及高考成绩汇总表。

看着那张"惨不忍睹"的成绩汇总表，我真想立马把它吃到肚子里。

但是高中时期的我，对那样的成绩根本"无感"。那个时期的我，就属于稻盛和夫说的"不燃型"的人：听过很多建议、知道很多道理，但自己永远不会发生改变，也不想发生改变。

著名企业家稻盛和夫把人分为三种，分别是"自燃型"的人、"不燃型"的人和"可燃型"的人。其中，"自燃型"的人无须借助外力，自己就可以燃起来，内心有无数个小宇宙迫不及待地爆发；"不燃型"的人纯属陶瓷材质，除非自己觉悟，否则他人无法改变；"可燃型"的人则容易产生触动，在他人的引导下，能够接受改变并可以产生改变。

那时候的我，也曾因为别人的一句话或者一本书捶胸顿足，下定决心改变自我，可是过了两天又回到了原来的样子；也曾轻易被别人的一句话或者一本书触动——只是被触动，并没有行动，还经常进入"越想做好却越糟糕"的怪圈。

到底是什么样的自我洞察真正驱动了我的行动呢？

那是一种清醒的自我洞察。那种自我洞察并非灵光一现，而是冷静的、自信的、专注的、笃定的，是为自己负全责的自我洞察。

系统学习：不浪费每一步

上中学的时候，每次下了晚自习回到家中，我一吃完饭，刚刚放下筷子，父母就对我大吼一声"学习去"。然后我便拖着自己那个大书包，慢吞吞地走进自己的房间，"砰"地关上房门，开始"学习"。

只要看到我回到自己的房间里并坐在书桌前，父母便放下心来，有时还会"啧啧"称赞。他们太喜欢、太认同我这种"听话"又"懂事"的状态了，他们以"好孩子"定义我、表扬我，导致我一度认为，在自己的房间里并坐在书桌前的就是好孩子。即便我听着音乐、抄着答案，即便我拿着笔发呆，我也认为自己在学习，甚至产生了"自己长时间学习很了不起"的幻想。

也正是这种表面上的"刻苦努力"——不知道为什么学、不知道学什么、不知道该怎么学的状态，使得我一度沉迷于和同学比谁学习的时间长，沉浸于重复动作和自认为美好的状态中。还傻乎乎地想不明白，为什么自己每天苦哈哈地上自习，却不如"不那么努力"的人学得快，学得好，学得有效果。

现在想想，我"活该"一路成绩平平。

后来，我才发现，不只是我，我的很多同学、很多同事，也很容易在不知不觉中出现"手段目的化"的现象，比如掷重金购买学习材料，又或者看书到深夜、早上 4 点在朋友圈晒学习打卡等。

简而言之，学习本是帮助我们获得结果的一种手段。可是学着学着，我们就把学习本身当成了一种目的，将长时间学习变成了日常状态和目标追求。

不难发现，在朋友圈等自媒体平台上，晒学习动作的人很多，晒学习结果的人却寥寥无几。

在这十几年的学习过程中，我逐渐体会到，学习不仅仅是一个动作，更是一个能够保障结果产出的系统。

何谓系统？系统是一种全局的、成体系的、完整的、个体相互联系又相互作用的整体。以下棋为例，单一行动者与系统行动者的区别在于，单一行动者关注某一步的走法，系统行动者却在下第一步棋的时候就已经想好后面五步乃至整局的走法。

总而言之，单一行动者容易在"点"上犹豫，系统行动者一开始便懂得布局"线、面、体"。

学习也是要有系统性的，那么学习系统应该包括哪些内容呢？

我认为学习系统至少应该包括**为什么学、学什么、向谁学、**

如何学、如何持续学、如何学以致用这 6 个维度（见表 1-1）。

表 1-1　学习系统包括的 6 个维度及其要点、意义

维度	要点	意义
• 为什么学	—	• 激发学习的"触点"
• 学什么	• 知识选择 4 步走方法	—
• 向谁学	• 学习来源四象限	• 让学习状态不再飘忽
• 如何学	• 神奇的 X 沙漏学习法	• 明确学习路径
• 如何持续学	• 四度学习计划制订法	• 学会制订学习计划
• 如何学以致用	• 三阶段导向	• 以结果衡量学习效果

这几个维度及其要点、意义会在后面的内容中详细展开。

【知行合一小实践】

把本书当成你的学习内容，写下你将为什么学、学什么、向谁学、如何学、如何持续学、如何学以致用。当你读完本书后，再看看你写的内容是否需要修正。

为自己负全责：彻底想清楚为什么学

有人问我："如果能拥有《大话西游》中的月光宝盒，你最想回到自己人生的哪个时期？"

我会毫不犹豫地回答"高三"。

我的高三，没有熬夜，没有泪水，没有紧张。当然，也可以

说是"没有收获"。

那时候的我，对要考取哪个学校、读什么专业、要考到多少分、要复习到什么程度毫无想法、一无所知。对于那时候的我而言，顺利毕业、考上大学不过是所有高中生都必须走的路，至于要走到哪里、怎么走，我并不关心，也不知道自己应该怎么关心。

我当时最大的想法就是高中时期赶紧结束。至于之后我会去哪里、自己该做什么，从来没有想过，也不知道该从何想起。

意料之中，我的高考成绩并不让人乐观：刚刚过二本分数线，我勉强上了一所普通院校，就读化学专业。

报到是在 2005 年 9 月的一天。

那一天，父母、姑父和表弟一同送我去学校。

进入刚刚建设好、才投入使用的新校区。目之所及，学生们在刚刚投入使用的新教学楼、宿舍楼里进进出出，泥泞的土地上伫立着的是尚未建好的图书馆。在学校的路旁，零星有几棵刚刚种下的既不茁壮也不翠绿的小树。

开学报到、整理宿舍、熟悉学校环境的过程忙忙碌碌，但也难掩所有人的失落，大家都沉浸于失望的情绪里，隐忍不语。

不经意间，我听见姑父小声地对表弟说："看看，你要是不好好学习，以后就来这里上学。"

在那一瞬间，我还是没有控制住压在我心底的悲伤。它一泻千里，我却只能跑到卫生间，捂着嘴巴偷偷哭泣。

在那一刻，我的尊严和我的面孔一样，被泪水打湿。我难以承受那份悲伤，却也无力挽回已有的"坏结果"。

平生第一次，在被轻视和被动的成长中，我在明白自己要对

自己造成的坏结果负全责后，才有了真正意义上的第一次自我洞察。

一身伤疤换一个体会。

不承想，竟是姑父对表弟"良苦用心"的告诫，让我明白了为什么学习。

有一个声音反复告诉我：必须通过学习来改变现状！

《成就上瘾：把成事当成一种习惯》提到："很多时候人们都指责别人，认为自己是受害者，怪罪别人，期待别人或政府帮助解决自己的问题。如果你曾经因为迟到怪罪交通，认为心情不好是因为孩子、配偶或同事，你就没有百分之百地承担责任。"想来，小学和中学时期的我不就是这样的吗？

小学时，拼音是我的"老大难"，我就将自己学不会拼音的原因归为"我是一个笨孩子"。

中学时，我把未来的生活责任推到了"父母"身上，心安理得地"混学习"，即使很晚睡觉，也从来没有用心学习过，一直在应付父母和老师。

直到 18 岁，我才后知后觉地认识到"要为自己负全责"。

在大学时，我也想过、害怕过，担心自己 18 岁才开始学习太晚，毕竟高考已经尘埃落定，自己再努力怕也是无望。

很偶然的一个机会，我对《论语》中"吾十有五而志于学"这句话有了新的体悟。我告诉自己，孔子到了 15 岁才开始立志向学，和 18 岁的自己相比，也就只早了 3 年。

于是，我便在 18 岁时默默下定决心，从当下开始改变，开启我的 10 年学习计划。从本科念到博士后，最大化地弥补了我当时对待高考的"不负责"。

如果知道了为什么学习，认知到了"要为自己负全责"，那么多晚开始努力都不迟。从现在开始，对自己的一切负起全部责任，这才是给自己的最大保障！

思想不是行动的源泉，为一份责任而时刻准备着的状态才是行动的源泉。

什么是开始行动的最好时候？

现在就是！

【知行合一小实践】

拿出笔，在一张纸上写下这3个问题的答案。

1. 在学习中，什么事情曾让你觉得后悔、挣扎？

2. 写出你在这些后悔、挣扎中应该做但没做的3件事情。

3. 为了重新对学习负起全部责任，写下你现在可以开始做的3件事情。

知识选择 4 步走：明确学什么

随着知识付费的兴起，各种各样的课程充斥了大家的视野，写作课程、演讲课程、英语课程、理财课程等，琳琅满目。名目繁多的课程，在为大家带来大量选择的同时，也让大家陷入了对选择的恐惧和无能。

曾经有一个朋友告诉我：她参加了太多学习社群、要学习的东西太多了，不知道该如何规划时间。

我问她："你参加了多少个学习社群呢？"

她吞吞吐吐地回答："13 个。"

看到我震惊的样子，她赶忙补充说明："我现在非常焦虑，因为每个社群都有学习任务，跟不上就只能爬楼①，时间长了，落下的知识越来越多。落下的知识越多我就越不想学，这严重消耗了自己的意志力和自信心。"

"那你为什么参加这么多学习社群？"

她的答案是："我看见别人在学，想着自己不学就跟不上节奏了，所以也报名参加了。"

这是不是也是我们所熟悉的情形？看着别人都在学演讲，自

---

① 网络用语，意思是群里信息太多时，必须向上翻才能找到所需信息。——编者注

己就着急地跟着报名了演讲课程；看着别人在学英语，自己也付费学习了英语课程；看着别人在学习短视频制作，自己也心血来潮学习短视频制作；看见别人都在看某畅销书，自己也赶紧入手了一本。结果，细细想一想：到头来，我们只是羡慕别人学富五车、视野宽广，抱怨自己焦虑迷茫，然后稀里糊涂地花时间、花金钱学习，也不知道自己学了这么多是为了什么。

如何在有限的时间内选出自己最应该学习的内容呢？

第一步　制订 10 年计划：定好目标，让学习不再飘忽不定

如果我们极度渴望学习一些知识，是不需要通过消耗意志来坚持学习的。这时候的学习，就如同呼吸一样，是自然而然的事情。

反过来想，我们为什么会极度渴望学习一门知识？难道是担心自己没有掌握这些知识就会和别人有差距吗？如果是，那么有什么差距呢？**其实，这种差距不是人与人之间的，而是目标 / 标准和现状之间的差距！**

我们不想学习或者不知道学什么的原因，其实是自己没有思考过目标 / 标准。

有很多问题想不明白时，我常用目标 / 标准、现状差距示意图（见图 1-1）来帮助自己，不断地问自己"为什么"，直到问题的答案浮出水面。

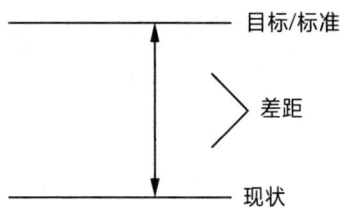

图 1-1 目标／标准、现状差距示意图

比如，我之所以在 18 岁时就决定考研，就是因为切切实实地看清了自己作为二本学校学生会面临诸多困境（现状），想要通过考研（标准）进到名校（目标）。

根据现状，对照目标／标准，就会找到差距，当时的差距就是二本学校学生和名校研究生之间的差距。找到目标／标准，分析出差距，学习的欲望自然会出现。

没有目标／标准，自然看不到目标／标准与现状的差距，便没有了学习的欲望！

心理学家武志红提出的"强烈的自我意识"可以给我们带来一些启发。所谓"强烈的自我意识"，指的是人在十几岁甚至几岁时内心开始萌发的一个念头——"我想过怎样的一生"。因为萌发了这个念头，人们此后便遵循这个念头生活，其人生开始从内向外不断投射，并依次展现念头里的结果。

如果我们从未有过这样的念头也没有关系。我们可以从现在开始寻找并不断地问自己想过怎样的一生，需要用什么知识、能力、资源去支撑自己想要的人生，并由此去匹配需要学习的内容。

马克·吐温反复说："人的一生中最重要的两天就是你出生的

那天和发现人生目标的那天。"如果对于自己想学什么还是没有想法，我们可以**先思考下自己的人生目标是什么**。因为时间跨度较大的人生目标会让自己对结果的到来保持耐心，也可以帮助我们拥有宽阔的视野，避免过分执着于当时的得与失。

但是太遥远的人生目标的确会令我们"妄自菲薄"，它离我们太遥远了，遥远到我们看不见、摸不着，根本不想去思考。

有些人之所以宁愿花 2 小时在直播间抢东西只为省 20 元，也不愿用 2 小时学习，就是因为和立马能看到的结果（省 20 元）相比，学习带来的结果不会来得那么快。

因此，为了避免追逐过于宏大的人生目标和对抗人生的不确定性，我建议大家先制订未来 10 年的小目标。

我 18 ~ 28 岁的 10 年小目标如表 1-2 所示。

表 1-2　齐洁的 10 年小目标（18 ~ 28 岁）

项目	起点	第一年	第二年	第三年	第四年	第五年
年份	2005	2006	2007	2008	2009	2010
小目标	大学一年级	通过英语四级	通过英语六级	—	通过研究生考试	—
实现情况	—	通过	通过	—	通过	—

项目	第六年	第七年	第八年	第九年	第十年	
年份	2011	2012	2013	2014	2015	—
小目标	—	通过博士生考试	—	—	完成博士毕业论文	
实现情况	—	通过	—	—	通过	

【知行合一小实践】

想一想自己的 10 年目标和学习内容，尝试填表。

序号	起点	第一年	第二年	第三年	第四年	第五年	第六年	第七年	第八年	第九年	第十年
年份											
小目标											
实现情况											

第二步　确立"有用"和"有趣"的内容：让学习不偏科

先问一个简单的问题：**你想学习吗**？

其实回答"不想"的人也没什么感到羞愧的。我自己在高中时也不想学习，我学习的目的都是应付父母和老师。

回答"想"的人还可以追问自己：是否只学"想学"的内容而忽视"不想学"的内容？"不想学"的内容是否变成了自己的知识盲区？自己是否因为"不想学"的内容而止步不前甚至丢掉过一些大好的进步机会？

而且，若总是只学自己"想学"的内容，我们就容易感觉自己有很多"不想学"的内容。长此以往，我们学习的积极性就不容易被激发。因此，我们不要只问自己"想不想学"，还要多问问自己"该不该学"。

　　相比于"想学"和"不想学"这一分类标准，我认为"有用"和"有趣"这一分类标准有效得多。

　　我们可以从"有用"的知识中获取有价值的"硬核"内容，比如职业生涯规划、经济学基础、理财专业技能等方面的知识。

　　而"有趣"的知识，比如乐器、语言等，可以给我们带来快乐、启发和触动。

　　总的来说，"有用"带来价值，"有趣"带来快乐。

　　不过，**不同的人对"有用"和"有趣"的判断标准并非完全一致**。比如，于有些人而言，白天上班"有用"，它可以带来价值——工资及相应福利保障；但是有些人不满足于每月的固定工资，还抓紧时间不断地提升技能、精进自己，觉得这才更"有用"。

　　有些人认为，晚上回家躺在床上刷手机"有趣"，在手机上能看到那么多"短平快"小视频，这的确可以让自己分泌更多的多巴胺；但是有些人认为玩手机浪费时间带来的焦虑多于其带来的快乐，所以他们选择看书或者健身，觉得这才更加"有趣"。

　　因此，每个人都可以结合自己的实际情况，找到属于自己的"有用""有趣"。

　　表 1-3 是我根据自己当时的 10 年计划和实际情况，列举的"有用""有趣"的学习内容。

表 1-3　齐洁的"有用""有趣"的学习内容

时间	"有用"	"有趣"
2005—2015 年	1. 英语 2. 专业课（经济学、管理学） 3. 论文写作	1. 英语 2. 历史 3. 吉他 4. 旅行

从表 1-3 可以看出，"有用"和"有趣"之间并非对立关系，二者也并不矛盾。总的来说，它们都是信息、知识的综合体，在时间的加持和催化下，都会融入我们的思维、习惯或者某种行为模式，帮助我们成为更好的自我。

将它们列出来的目的，就是明确自己的学习内容，不让自己仅凭"想不想学"就武断地做出关于学习的决定，不让自己错过真正应该花时间和精力学习的内容。

【知行合一小实践】

试着写下你觉得当下"有用"的和"有趣"的学习内容，尽量做到二者兼顾，让学习更加平衡。

时间	"有用"	"有趣"
	1.	1.
	2.	2.
	3.	3.
	4.	4.
	5.	5.
	……	……

第三步 3 个月聚焦一个小目标：一把火把水烧开

我们根据 10 年计划规划完人生走向后，就可以大致判断出自己的学习内容，接下来需要做的就是对学习内容进行取舍。

学习内容为什么需要取舍？

因为人天生求多，认为多多益善，所以总是喜欢增加学习内容，不喜欢减少学习内容。

因此，查理·芒格在《穷查理宝典：查理·芒格智慧箴言录》中所说的那句"反过来想，总是反过来想"才被奉为至理名言。

如何把自己从冗余的学习内容中解放出来，控制自己的贪婪之心，把宝贵的时间精力放在目前最重要的学习内容上？

答案是，少些选择，聚焦，聚焦，聚焦。

聚焦的威力是巨大的，它可以让一个人提高专注力，提升效率，避免反复选择与权衡利弊的损耗。

据媒体报道，脸书的创始人马克·扎克伯格几乎总是穿着灰色的 T 恤出现在公众视野里。打开他的衣柜，满满都是灰色的 T 恤。对此，他曾经给出原因："每天醒来，我都能为全球逾 10 亿用户服务，真的非常幸运。我感觉，如果我将任何精力花费在决定穿什么上，我就不是在做自己的工作。"

万科创始人王石也在自传中写道，他攀登珠穆朗玛峰的目标是登顶，为了节省体力，一路上他不做任何多余的事情，不看日出，不看美景，因为一丝心情波动都有可能给他带来体力的消耗。他当时年过五十，只能把体力留给登顶这一个核心目标，其他的无效动作一律舍弃。

同理，如果学习者给自己列了许多目标，不停在别人推荐的书里"转悠"，过不了多少时日，就会因疲于完成各种目标而最终迷失自己的方向。

《高分读书法》中写到，大脑的记忆分两种，一种是短期记忆，一种是长期记忆。划分记忆类型这一动作由海马体负责，划分标准就是信息被看见的次数，信息被看见的次数越多，进入长期记忆的可能性就越大。

因此，先用一段时间对某个领域的知识进行集中学习，增加自己接触某个领域的知识的次数，让这些知识变成长期记忆，再进行下一个领域的学习。也就是说，先用一把火将一个领域的水烧开，之后的学习效果就会显著得多。

在制订学习计划时，我坚持在一定的时间范围内只做一件最重要的事情。

无论考英语四六级，还是考硕士、考博士，我都是以三个月为一个学习周期，即在三个月内致力于完成必要的学习任务，主攻一个山头，力出一孔，达到一定的学习密度，突破学习阈值。正是因为这样，我不仅一举完成考博任务，还在 30 岁后陆续一次性通过了中级经济师、高级经济师、人力资源管理师考试。

再细致一点，即使只是应付一场考试，我们也有很多科目要学习，比如准备研究生考试，需要学习政治、英语、专业课等。这时我们该怎么学？用不用每天都制订学习计划？

回想以前的自己，我每天早上起来第一件事情就是制作学习清单，可是一来二去发现其实每天的学习任务都差不多，为了节省时间，我开始固化一段时间内的学习清单，我的方法是制作一个学习课程表。

还是以考研为例，我将每个科目固定在一个时间段内学习，比如早上 8 点到 11 点学习英语，下午 2 点到 4 点学习专业课，晚上 8 点到 10 点学习政治。然后按照考试时间倒推每日需要学完的学习内容。

固定学习时间、量化学习内容，不仅可以节省每天做学习清单的时间，还会让各个科目的学习进度"齐头并进"，让自己每天都掌控着自己的学习状态，从而不断增加通过考试的信心。

同时，固定学习时间有利于考试生物钟的养成。比如早上考英语，我就会安排早上学英语；下午考专业课，我就会安排下午学专业课，逐步提升自己在不同时间段内对不同课程内容的敏感程度。

需要特别说明的是，在一天内不要给自己安排太多不同科目的学习内容。如果脱岗备考，我认为一天安排 3 个科目的学习内容就足够多了，上午、下午、晚上各一科；如果在职备考，除了利用零碎时间记忆，每天晚上可以抽出 2 ~ 3 小时安排学习一个科目的学习内容，然后隔一天或两天穿插学习其他科目。不要 1 小时安排一门科目的学习，不要一晚上两三个小时就安排两三门。对于成人来说，1 小时一门科目，单次学习时间太短，是很难进入学习状态的。

【知行合一小实践】

给你选择的学习内容定一个三个月的学习计划，并给自己制作一张学习课程表。

第四步　搞定"最熟悉的陌生人"，在学习区学习

诺尔·M. 迪奇提出了"三区理论"（见图 1-2），把人的知识和技能的学习划分为舒适区、学习区和恐慌区，并就三个区进行了解释。

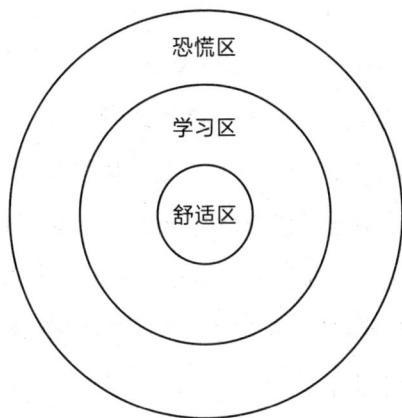

图 1-2　"三区理论"

内圈是舒适区，是一个人习以为常或者没有学习难度的知识和技能，学习这些知识和技能会让人处于舒适心理状态，不用担心会有什么大的变化。

中间圈是学习区，指的是人们学习起来有一定挑战且有一定风险的知识和技能，学习这些知识和技能虽会让人感到不适，但不至于太难受。

外圈是恐慌区，指的是远超出人们能力范围的知识和技能，学习这些知识和技能会让一个人产生严重心理不适，甚至可能崩溃以致放弃学习。

他提出，人应该在学习区里学习，不要总是待在舒适区里洋洋自得，也不要没事找事跑到恐慌区里莫名担忧。

那么，怎么找准学习区呢？

万维钢老师写的《学习究竟是什么》一书，提到最高学习效率是 15.87%。也就是说，当人们学习一个内容时，应该有大约 85% 的内容是人们熟悉的，有大约 15% 的内容是让人感到意外的。研究者把这个结论称为"85% 规则"。

在我看来，我们很难对自己熟悉或者让自己感到意外的知识和技能进行那么精确的量化。在一定的学习领域中，**把自己经常碰见的不清楚的知识点"搞清楚"，就是在学习区里学习**。

第一，经常碰见的知识点对我们来说有一定的熟悉感；第二，我们和这些知识点经常碰见但彼此还是"熟悉的陌生人"，原因是我们没有把它们学清楚、弄明白。

在中国人民大学读博士期间，我经常会遇到老师提到的名词及其内涵我不清楚的情况，我的第一反应就是通过网络搜索这些名词。如果上课时来不及查询，我会把这些名词记下来，回去再查证。

久而久之，我的专业知识自然就丰富了许多，我也就能讲清楚很多别人在其他人那里听不懂的知识，以及别人听得懂但是讲不清楚的知识了。

对于别人提到的每一个你不懂的概念，搜索也好，请教他人也好，逐渐减少自己对这个概念的模糊性，然后聚沙成塔，这就是在学习区里学习的体现。

正如《你当像鸟飞往你的山》中的塔拉那样，虽没有接受过正式教育却凭借自学，考到美国杨百翰大学并成为大学教授。她以实际的成长告诉我们：**即便身处井隅，失去生命的垂青，但只要耐心学习自己不懂的东西，脚踏实地、努力精进，就能依靠学习实现人生的翻盘。**

学习来源四象限：紧盯学习对象

2019 年参观清华大学博物馆的一次经历，给了我特别的启发。

在那之前，每次逛博物馆，我都是自己学习或提前在网上搜集信息，简单做些攻略，但是从来没有花钱请过导游。

这一次，清华大学博物馆配备了免费的导游，我就试着跟着听导游的讲解，结果感觉真的不一样：面对同样的文物，导游的讲解好似"女娲"对着泥人吹的一口仙气，让文物中蕴含的历史文化全都变得活灵活现了。一圈下来，我感觉受益匪浅。

在学习的路上，一个好的"导游"对于学习同样意义非凡。

好的"领路人"不仅可以让学习变得有趣、生动，还能帮助我们挖掘出自己原本看不到的东西。

学龄前，领路人是父母，父母是最好的老师；上学时，领路人是老师，一日为师，终身为父。进入社会之后，我们没有了固定的领路人，该怎么办？

我的方法是先找到优质的、适合自己的学习来源，然后"按图索骥"。这个学习来源不是一个固定的人、一本固定的书，而是按照自己、他人、过去、现在划分的四象限（见图 1-3），分别是向他人的过去学习、向他人的现在学习、向自己的现在学习和向自己的过去学习。

```
                    现在
                     │
                     │
             学习榜样当下的
     事中磨炼    具体做法
                     │
自己 ─────────────────┼───────────────── 他人
                     │
     用4个问题      见贤思齐
       来复盘
                     │
                     │
                    过去
```

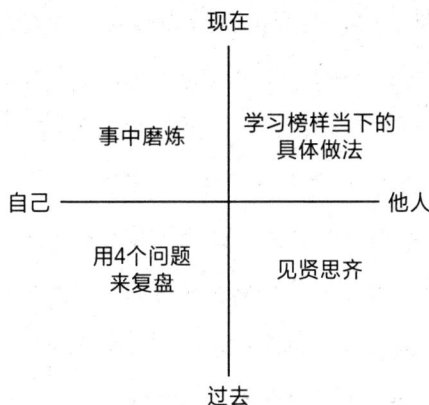

图 1-3 学习来源四象限

向他人的过去学习：见贤思齐

从别人总结下来的经验中学习，如同古人所说的"见贤思齐"。

见到别人的成功经验要慢慢汲取、消化内化、尝试运用；见到别人"掉坑"的教训，要回顾自身，警惕自己"踏入同一条河流"。

有人问，身边朋友数量有限，该向哪些"他人"的过去学习？

我认为，性价比最高的方式就是读书。

以常规的书本为例，其定价大多为几十元。这相当于花费购买一杯咖啡的钱，就可以和先贤文豪跨越时空沟通，就可以快速汲取他人的经验所得。他们留下的文字字字珠玑，至今还会产生巨大的力量，而这些文字的力量则是无价的。

埃隆·马斯克说，他的企业可以成功打造火箭，要归功于他一直以来培养的阅读习惯。巴菲特也表示，每天阅读500页书，你会发现知识是如何起作用的，它的威力就像复利。查理·芒格说，我见过的聪明人没有一个不读书的，一个都没有。

很多朋友经常好奇："为什么读了那么多书，我还是我自己，到底该怎么做？"对于这个问题，我有三个主要做法。

做法一：在阅读中占据主动地位，与作者对话。

在我看来，读者开始读一本书的时候，就应该占据主动权，在书中不停地与作者主动对话，甚至应该读出图书内容之外的东西。

换言之，读者在阅读时需要主动"输入"，而不要一味地让作者"输出"，不要让自己的大脑成为作者思想的跑马场。

那如何与作者对话呢？

我推荐使用"三叉提问法"，即不断问自己：**什么是我知道的？什么是我不知道的？我还需要知道什么？**

长此以往，我们就能不断地通过对一本书"剥茧抽丝"领悟出还该学习补充什么，不断扩充知识、充盈思绪。

以我自己为例，我阅读的第一本理财图书是《小狗钱钱》，从中我看到了"定投"的理财方式，但是《小狗钱钱》并没有详细地说明定投的具体操作方法。于是，我就继续寻找关于"定投"的图书，并在这个基础上阅读了银行螺丝钉写的《指数基金投资指南》《定投十年财务自由》，然后在图书中继续寻找自己想要获得的知识。

做法二：避免"做错事"。

有些人成功的因素有 ABCDE，而他们在书中只提到了

ABCD，对起到决定性作用的 E 却只字未谈（如有些人家境殷实，有些人有高人指点，有些人聪明绝顶）。这就是为什么我们总感觉自己也具备了 ABCD 因素，但就是没有取得和他们一样的成绩。因为他们具备的 E 因素才是决定性因素。

为了解决这个问题，我采取的策略是既然没有关键的 E 因素，那就多关注阻止他们成功的因素，尽量避开这些因素。正如巴菲特说过："我们没有学会如何在经商过程中解决棘手的问题，我们只学过如何避免它们出现。"

有时候，**不做错事，正确的事情才有可能发生**。

比如在读书方面，我们可以先尽量避免做出以下行为：

1. 只看他人推荐的书，不看自己真正需要看的书；

2. 只被别人的思考喂养，没有想过自己该怎么办；

3. 只疯狂输入，不精准输出；

4. 只追求读书数量，不追求读书质量；

5. 只读高大上的著作，不看基础教材；

6. 只陶醉在读书的过程中，不会学以致用。

"不做错事"，可能不能让我们立马获得大智慧和成就，但可以让我们少走弯路。

做法三：随时记笔记。

我的初中英语老师，说得最多的一句话就是"好记性不如烂笔头"。也就是从那时起，我养成了用纸笔进行记录的习惯，将别人的文字记录在白纸上，我就会有一种沉甸甸的充实感，觉得这是在辛苦挖"宝藏"。**"宝藏"越多，我越想让别人知道，越愿意与他人分享。分享的次数越多，记忆也就越深刻。**

不仅如此，在用纸笔进行记录的过程中，手在动，眼在看，脑在想，这充分调动了"感"，容易触发与记录内容相关的已有知识与记忆。

直到现在，我都会随身携带纸笔，及时记下任何可以启发我的东西。除了传统的纸笔记录，一些应用也能起到很好的辅助记录作用，我个人比较常用的是印象笔记和讯飞语记。

▪ 印象笔记

印象笔记对我来说是所有纸笔记录的"终点站"。它支持在多个终端同时更新文件，手机、计算机，不管哪个终端上的文件更新了，其他终端上的文件也会更新，非常方便。

同时，印象笔记支持关键词查询，大大缩短了检索关键词的时间，增加了我们使用笔记的频率。

我最喜欢它的一点就是印象笔记可以收藏微信信息，比如社群中的学习信息或者公众号分享文章，都可以用印象笔记一键收藏。我还会将其他我用纸笔记录下来的带来启发的文字，输入印象笔记中，随时随地更新，逐步打造自己的电子知识库。

▪ 讯飞语记

回忆 2019 年年末，我花了近两周时间才将有关文字材料整理进印象笔记。当时我表弟刚好来我家做客，看见我在不停地敲打键盘，惊讶地说："你在干什么？这么费时费力？为什么不用'讯飞语记'？"我这才知道了这个"神奇的"应用。

讯飞语记可以将语音直接转化为文字。要记录书上的文字，直接对着讯飞语记说就可以了，最后只需修改少许识别不准的文字即可，这样可以节约大量时间。

【知行合一小实践】

选择一本自己看过的书，使用"三叉提问法"，不断地问自己：什么是我知道的？什么是我不知道的？我还需要知道什么？

向他人的现在学习：学习榜样当下的具体做法

学习榜样当下的做法，就是向他人的现在学习。

从小到大，我都喜欢找女性榜样。上学时候的女同学、工作之后的女企业家等，她们就像灯塔一样，在迷茫的黑夜中给予我光明的指引。

美国幽默作家威尔·罗杰斯说，学习只有两种途径，一种是阅读，另一种是与更优秀的人为伍。

我们很难与更优秀的人为伍，但是在现代社会，我们可以比较方便地"跟踪"他们：不仅可以"跟踪"他们的成绩，还可以"跟踪"他们的做法。

知道一个人优秀不难，难的是知道他是如何变得优秀的。学习榜样的目标就是要学习他如何变得优秀，重点在于以下三点。

一是选择适合的榜样。

问自己一个问题：你是愿意选择一个从来没有失败过的，一直过得很顺利的榜样呢；还是愿意选择一个失败过，但是最终通过各种方式方法取得成功的榜样呢？

我认为后者更"接地气"，也更值得学习。

因此，在选择榜样时，不要只从榜样的"光环"这一角度出发，还要根据实际情况，选择与自己有相似处境的榜样，这样的榜样可以像镜子一样反映出自己现在该做什么。

二是关注榜样的公开账号。

我会关注我的榜样的公众号、微博、视频号等公开账号，因为在公开账号中可以翻看到榜样几年前的一些动态，方便我研究榜样是如何成长起来的。

零碎时间刷下榜样的动态，感受他们的生活方式，思考他们的思维模型，适度模仿他们的行为。

三是画出自己和榜样的行动重合区。

榜样不是用来崇拜的，而是用来学习的。如图1-4所示，我们要把榜样做到的和我们现在能做到的进行对比，找到行动重合区，然后行动起来。

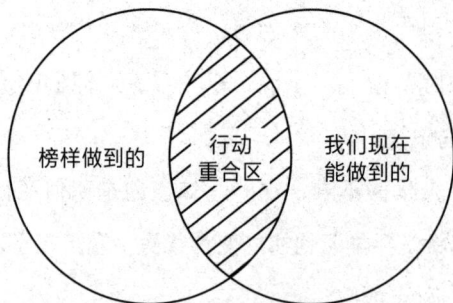

图 1-4　找到自己与榜样的行动重合区

比如，在我关注的榜样中，萌姐（张萌）坚持每天4点起床，我虽然做不到4点起床，但是我可以做到6点起床。我关注的潇洒姐（王潇），已经40多岁，却还坚持健身以保持身材苗条。我虽然无法像她那么厉害，但是能做到每周跑步三四次，每周上一次健身课。

永远记住，榜样不是用来崇拜的，而是用来学习的。按照榜样的做法，时刻比对自己现在能做到什么，大胆去做，就会不断充盈、扩大行动重合区。这样，或许在未来的某一天我们也可以成为别人的榜样。

学习榜样的最终目标不是成为和榜样一样的人，而是坚持做正确的事情。

【知行合一小实践】

写下你想学习的3个榜样，关注他们的微博、公众号等公开账号，画出榜样做到的和我们现在能做到的行动重合区。

向自己的现在学习：事上磨炼

向自己的现在学习，就是在自己的行动中发现问题，不断解决问题，逐步提高。

王阳明在《传习录》中提道："未有知而不行者，知而不行只是未知。"

经常有小伙伴说，自己想做视频号，却觉得自己胖或者自己口才不好，害怕被别人嘲笑，一来二去在怀疑中就浪费了很多的时间。

世界上的大多数事情都是如此，我们无法在起点看见终点的样子，因此惧怕行动，永不行动。

行动其实应该是一种习惯。就像骑自行车，一旦启动了，我们趁着一股劲儿，试着往前用力，形成势能了，就自然而然奔向一个又一个站点。

唯有不停地前进，才能知道前方有什么。

一直思考自己的未来而迟迟不敢行动的人，很有可能一事无成。

十几年前，房地产行业进入快速发展的时期。彼时，一个人说自己没有买房子的积蓄，可以理解，但如果说自己还是没有研究投资理财的意识，没有投资学习的意识，那么他在很大程度上就应该进行反思和改进了。

我是"85 后"，从学校毕业开始挣钱时，已经错过房地产行业快速发展的时期，但是我从意识到这个问题的那一刻起就开始行动，在攒钱的同时学习投资理财的知识。2019 年，我在西安老家购置的一套二手房，这套房的价格已经上涨 30%（数据统计于 2022 年 8 月）。

向自己的现在学习，越早采取行动，最终收益就越大。

行动不在于早晚，在于你是否在行动，在于你是否朝着一个大方向不断行走并做好准备，待时机到来时一把抓住它。

当我认识到行动的重要性后，便开始**减少自己的"学习时**

间"，**主动增加自己的"动手时间"**。所谓的知行合一，不是知道和明白"就能"做到，而是只有"做到"才有可能真正知道，反复验证了，才能证明此时的知道是真正的知道。

我给自己制定的标准是：**看书不算动手，必须有能看得见的产出，有具体行为的体现才算动手**。比如学习写作，就要不断地输出内容，在评价反馈中调整自我、优化输出；比如学习投资理财，就一定要进入真实的市场，真实体验市场的波峰波谷。

我的理念是，运用于实践的、自身在实践中经受过摔打的学习才更有意义和价值。

以学习新媒体运营规则为例，我不是等着课程学完才开始输出的，而是边学边输出。在一家自媒体平台，我写的第二篇笔记浏览量就超过 15 万，获点赞、收藏近 4 万，获粉好几千，还有 5 家出版社联系合作，而合作带给我的收益早就超过了学费。

只有真正有效的行动，才能决定价值。

【 知行合一小实践 】

　　写出你现在最应该做的一件事情，立刻去做，然后写下做完后的感受。

向自己的过去学习：用 4 个问题来复盘

向自己的过去学习的关键是复盘。

复盘本是围棋术语，指的是在下完一盘棋后，棋手以重新下棋的方式探讨得失。

《曾国藩传》是对我人生影响很大的一部书，书中提到了曾国藩考秀才，连续考了七次才高中，之后平步青云，一路开挂。

为什么第七次会成为转折点？

因为他是一个复盘高手。在第六次被"悬牌批责"（当成反面教材）之后，他才开始仔细反思自己：第一，自己是个普通人；第二，老师教得不得法。

曾国藩把自己历年的试卷和那些模范试卷放在一起反复对比，寻找自己的短板。曾国藩发现，自己的主要问题在于写东西过于古板，过于重视局部雕琢，缺乏整体的气势和大局观。接下来，他的主要任务就是在文章的整体气势和大局观上下功夫。

果不其然，经过反思，他终于在科举路上实现了逆袭。

曾国藩的人生逆转密码就离不开复盘。错了不重要，重要的是不在同一个地方犯错。**犯的错少了，走的弯路自然就少了，效率也就高了。**

因此，不要总是想着尝试新的事物，遇到困难时，不如先把自己"搞砸了"的事情想明白，在"学习区"里踏踏实实地学习。

我有一个习惯，每天晚上下楼走上两圈，路程不长不短，刚好 1.5 千米，大概需要 30 分钟。

这 30 分钟是我每天的复盘时间，我会在这 30 分钟内复盘一下这一天自己的所思、所想、所为，然后分析哪些做得好，如何在明天做得更好；哪些做得不够好，如何改正。

有不少小伙伴对我说，自己每天毫无章法地忙碌，抽不出可以用来复盘的 30 分钟。

我给出的答案是：越是抽不出时间复盘，越是需要抽出时间复盘。

爱尔兰剧作家乔治·萧伯纳说过："很少有人一年思考两三次。我每周思考一两次，就在国际上赢得了声誉。"要明白，忙并不一定代表高效、有结果。相反，用 30 分钟梳理自己的行为，反思精进，可以给明天的自己节省时间、提高效率。

在每天晚上 30 分钟的复盘时间里，我经常问自己以下 4 个问题。

问题 1：今天的你为自己的梦想做过什么事情？

忙碌很容易让一个人只看到眼前的事情，而忘记未来最应该做的事情。

因此，做每一件事的时候，我们都要问自己这个问题，保证当下所做的事情不跑偏，时刻向学习要结果，向时间要结果，让每一件"有用""有趣"的事情产生复利。

比如，我的目标是每一天都为自己的"诗和远方"做一件事情。无论在地铁上看了 10 页书，睡前写出一篇文章，还是走路时候听了一个有关自我提升的播客，都算是为自己的梦想"打工"。

时间久了，这些复利产生的作用都是巨大的。

问题2：今天做的事情中有哪些错误的做法，下一次该怎么做？

有没有觉得，如果一件事情做得比较顺利，你就不会让这件事情占用太多的记忆资源；如果一件事情被做砸了，而且这件事情对你又很重要，那么这种感受就十分强烈。

吴军在《吴军阅读与写作讲义》一书中提到，很多人之所以会在同一个地方跌倒很多次，有一个原因就是尽管他们的大脑把事情记住了，但是把感受忘了。出于自我保护的考虑，人们会选择忘掉那些不好的感受。他提醒，这种自我保护的本能会让人重复犯很多错误，而同样的错误会犯很多遍，每一次都是切肤之痛，只有将这些感受写下来，人们才可能做到事不二过。

因此，只有反思犯错的原因，强化感受，才能减少再次犯错的次数。

问题3：今天做的事情中有哪些好的做法，下一次该怎么提升？

这和《小狗钱钱》中提到"成功日记"较为相像。

书中提到，"自信是被成功喂养出来的"，**正所谓教什么不如教热情，学什么不如学自信。**

一个真正自信的人眼睛里有"星星"，整个人都会发光，因为他永远相信自己，即使初入新领域，他也拥有敢于踏入新领域的勇气和解决新问题的能力。

记录自己一个个微小的成功，是给自己树立自信的手段。当自己感到失落、没有自信时，拿出成功日记，回顾自己曾经的成功，不断给自己正向反馈和激励。

问题 4：今天做的事情中，有哪些事情可以帮助别人，能否形成操作清单？

为了巩固学习内容，我重视并致力于把自己的经验变成可以帮助别人的操作清单。

比如你写的项目报告获得了公司领导的肯定，你就可以思考下如果去教别人写，你该怎么教？项目报告应该包括哪几部分？哪些部分应该是重点内容？该注意哪些细节？

我为什么这么做呢？因为梳理操作清单的时候，就是自己总结提升的时候。

如图 1-5 所示，学习金字塔理论提出，学习内容平均留存率在 30% 以下都是被动学习的传统方式；而学习内容平均留存率在 50% 以上的是讨论或实践，而最后一种位于金字塔基座位置的学习内容平均留存率最高的方式，是"教授给他人"，可以让我们记住 90% 的学习内容。

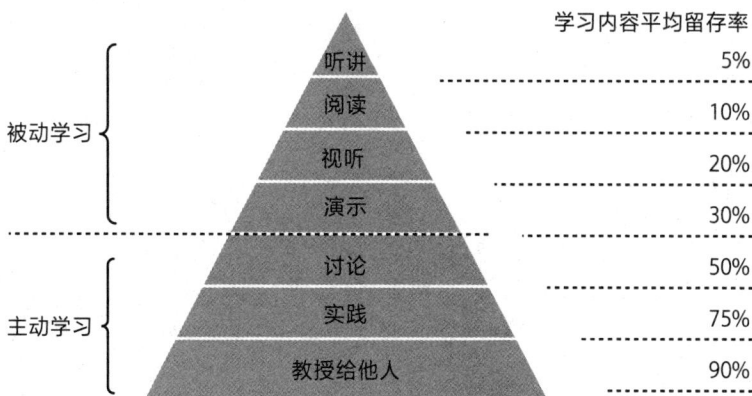

学习内容平均留存率

被动学习	听讲	5%
	阅读	10%
	视听	20%
	演示	30%
主动学习	讨论	50%
	实践	75%
	教授给他人	90%

图 1-5　学习金字塔

根据学习金字塔，我们可以发现，"教"是最好的学。

我的标准是，一件事情，自己如果可以清楚地给别人讲明白了，才是真明白，这才是学以致用的一种体现。

【知行合一小实践】

回想你今天的经历，回答以下 4 个问题。

1.今天的你为自己的梦想做过什么事情？

2.今天做的事情中有哪些错误的做法，下一次该怎么做？

3.今天做的事情中有哪些好的做法，下一次该怎么提升？

4.今天做的事情中，有哪些事情可以帮助别人，能否形成操作清单？

神奇的 X 沙漏学习法：从学生思维到职场思维

我认为学习可分为三种：第一种是家庭学习，主要针对学龄前的儿童，在这个过程中，父母起主要作用；第二种是学校学习，主要针对学生，在这个过程中，老师、同学起主要作用；第三种是自我学习，就是自己对自己进行再教育。这是一种用时最长的学习，伴随人的一生。在这个过程中，人们只能"自给自足"。

很多人虽然对学习特别有热情，但是在出了学校、步入社会后，面对没有老师、没有参考书、没有作业以及标准答案的情况，难免一头雾水、无所适从。

如何学？如何实现学生到社会人的角色转换，的确是一个老大难问题。

神奇的 X 沙漏学习法帮助我从容应对了这一转换。更重要的是，它帮助我在工作和照顾家庭之余，一次性通过了中级经济师、高级经济师、人力资源管理师等资格考试，让我有时间总结近些年的工作学习心得并撰写这本书。

你有没有这种情况？

想学习理财，于是买了一本《富爸爸穷爸爸》，这算开始学习了吗？

想学习英语，于是买了一本英语单词书，这算开始学习了吗?

当然算,但是学习内容远不够丰富。

X 沙漏学习法的第一个含义是,针对学习内容延伸宽度,形成专题的框架体系,然后聚焦到要重点研究的一个点(聚焦点),再从这个点精准发散学习(见图 1-6)。

形成专题的框架体系

聚集点

精准发散学习

图 1-6　X 沙漏学习法的含义

X 沙漏学习法主张的学习过程类似于一个沙漏,也可以理解为两个三角形拼接,遵循是先宽后窄再宽的逻辑。

要系统掌握 X 沙漏学习法,我们需要明确两个层面的要点,即 3 步形成知识框架和聚焦“是什么—为什么—怎么办”。

3 步形成知识框架

有人说过,我们要像蜜蜂一样学习。蜜蜂在采蜜之前会先搭设好蜂窝,而不是像松鼠一样似乎只会囤聚。

蜜蜂采蜜前搭设的蜂窝正如我们建立的知识框架。建立知识框架的最大好处是我们能形成知识的体系,在一个体系里明确特定知识所处的位置。

大量分散的知识，犹如一根根独立的树枝，虽然存在但是互不相连，而系统化之后的知识，像一棵开枝散叶的树，每根树枝虽然是独立的，但有同一根源，从根到干，再到枝丫。每个知识应该在什么位置，我们是明确知道的。

知道每个知识的具体位置后，当我们遇到想关注的知识时，就知道该把这些知识往哪里放，而不至于"阅后即忘"而形成知识浪费。

以学习英语语法为例。不少人容易被具体的、看似繁杂的知识点绕晕，分不清楚宾语从句、非限制性从句等不同知识点，在单个知识点中迷失。如果你在学习之前就花时间梳理清楚了语法的大致框架，抽离掌握语法学习的共性，知道如何将每次学到的知识点放在该放的地方，对英语语法各知识点的学习就会变得清晰明了起来。面对任何一门学科的学习，我们就不会再"手足无措"。

那么，如何形成自己的知识框架呢？我常用的方法包括以下三步。

▪ 第一步，在搭建知识框架前，大量阅读，保证量的摄入

"快速阅读是我的生产力。"在作家李欣频眼里，一天有很多剩余或零碎时间可以用来看书，"等人、等车、等餐、排队……可以让你看好几页书了，所以我包里随时会有一本我正在读的书"。

在刚开始的积累阶段，先拼数量，要不然很难触达知识的边界。对于某一领域的学习，我建议大家至少先读完相关的 10 本书。

知识积累的第一步是量的增加，质量的提升是在量的基础之上才开始的，之后才能到质，才能到系统。

我建议大家先从学习领域的正统文献或经典作品开始阅读，也就是阅读这个领域中被行业和主流认可的一些图书。比如，为了研究高效学习方法，我会先把高效学习领域的《学习之道：美国公认经典学习书》《刻意练习：如何从新手到大师》《高效能人士的七个习惯》等主要图书阅读完毕，了解有关高效学习领域的主要研究内容。

■ **第二步，搭建知识框架时，用好分类格子，做好知识分类**

很多优秀的学习者表现出来的并不是比别人记忆力好，而是通过自己的整理和归纳，在该提取知识的时候，知道从何处快速提取对自己有用的信息。

正如蜜蜂采蜜前一样，我们要先搭建好蜂窝。如图 1-7 所示，装知识的工具可以是一个普通抽屉，我们把所有知识都放在里面，查找知识时就需要全部倒出来翻找。

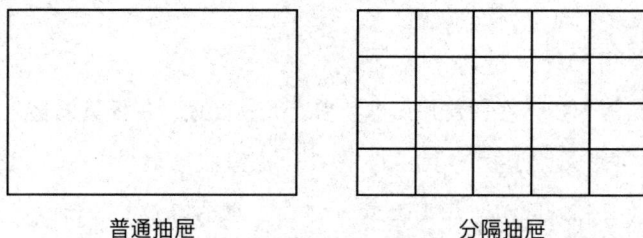

普通抽屉   分隔抽屉

图 1-7   知识抽屉示意图

如果装知识的工具是一个带格子分隔功能的抽屉，明确知识的位置，那么我们查找的时候自然更为省时、省力。

在积累小知识的过程中，我们要在一开始就设置好类别，就好像给它们设置了不同的格子，管理类、英语类、学习方法类等，遇到有用的知识时再将之分门别类地放进不同的格子，那么提取的过程中也会很方便。

格子越小，知识分类就越细。

比如，我研究高效学习，就要先知道它包括时间管理、精力管理、情绪管理等，然后再逐步聚焦中学生的高效学习、职场人的高效学习等。

在进行知识抽屉整理时，我会将一本书中与时间管理有关的知识放在时间管理的格子中，将与精力管理有关的知识放在精力管理的格子中。每看一本书，每学到一个知识点，就将之放在相应的格子里，时间长了，知识框架便会越来越充盈、丰满。

- **第三步，搭建知识框架后，做好精细化补充**

李敖将自己的读书法形容为"大卸八块"。他说："好比这一页或这一段有我需要的资料，我就把它切下来。背面怎么办？把背面的内容复印出来，或者一开始就买两本书，两本都切开。结果一本书看完了，这本书也被我分掉了。"

当代社会，获取知识不再需要"大卸八块"，只需要轻轻点一点鼠标，复制粘贴，就很容易做到。

上一步说到搭建知识框架，其实知识框架不是一次做好就大功告成的，我们还需要不断进行深加工和更新补充，在做好分隔抽屉的基础之上，细化抽屉并逐步填满。

建立了知识框架，我们就会有一览众山小的感觉，这才是系统学习，才是"知其然，也知其所以然"的学习。

┌─────────────────────────────────────┐
【知行合一小实践】

　　请根据研究或学习主题，建立适合自己的知识框架、分
隔抽屉。
└─────────────────────────────────────┘

聚焦"是什么—为什么—怎么办"

"我积累了很多知识，好像知道了很多东西，但还是没有办法跟别人说清楚一件事情，更不要说写一篇文章了。"

类似这样的话，我经常听到。

回想一下，我们读书时是如何写读书笔记的？

是不是觉得哪句话写得好，便抄下来，奉为圭臬，比如以前经常做的"名言摘抄"。

> 马克·吐温说："取得领先的秘诀是先开始。而开始的秘诀，就是把复杂的事分割成一件件做得到的小事，然后从第一件开始。"

> 美国幽默作家威尔·罗杰斯曾说："学习只有两种途径，一种是阅读，另一种是与更优秀的人为伍。"

> 卡夫卡说："我必须经常独处，我的成就都是基于孤独的努力。"

收集的内容多了，本子厚了或档案夹子宽了，自己知道的好像也多了，我们却依然困惑不已，不知道如何有条理地、清晰地表达属于自己且对他人有用的观点，更不用说写出一篇专题文章了。

时刻记着向学习要结果，**不仅要知道"应该这么做"，更应该知道"是什么—为什么—怎么办"**，并按照"是什么—为什么—怎么办"的框架对知识点继续分类补充。长此以往，我们便会让整个知识点更加饱满。

以一本书为例，除了摘抄名言名句，我们还要多思考这本书中的"是什么—为什么—怎么办"。

是什么（论点）：作者说了什么？作者的主要观点／全文中心是什么？作者赞同什么？反对什么？

为什么（论据）：作者为什么要论证这个观点？观点的事实是否客观？是否有具体的事例、细节描述、统计数据或可查证的史实？作者是否是亲历者？事例是一手资料还是传闻？

怎么办（论证）：观点是如何得出的？是摆事实还是讲道理？是演绎还是归纳？在实际生活中是否可以操作？

然后按照自己的"是什么—为什么—怎么办"框架，将这本书中有用的观点、做法，分门别类地总结，让自己的知识框架有血有肉。

坚持这样做，我们慢慢地就可以在说明一个问题时都做到有头有尾，知道为什么谈论它，它是什么，它有什么特点、局限，它未来会如何发展等；慢慢地就能够说清楚一个问题，积累多了，才会逐步有自己的想法。

【知行合一小实践】

尝试用"是什么—为什么—怎么办"整理一个知识点。

在知识与问题的交叉中实现融会贯通

问：什么时候睡觉最香？

答：困了的时候。

问：什么时候吃饭最香？

答：饿了的时候。

问：什么时候会主动学习？

答：等着用某些知识的时候。

以前，我也曾深深陷入"手段目的化"的陷阱，感觉"长时间学习很了不起"，觉得辛苦学习就是在进步，天天沉浸在"学习"的状态中，造成"自嗨"的情况，完全没有意识到自己对"学到的知识是干什么用的"这个问题想得太少。久而久之，自认为学富五车，可遇到真实问题时却只能束手无策。

都说"书中自有黄金屋""书中自有颜如玉"，殊不知，单纯看书以及不停地获得知识，与解决实际问题之间还存在很大的"鸿沟"。

X沙漏学习法的第二层含义，是聚焦"解决实际问题"和"知识"，不断锻炼出融会贯通的能力。

比如，我们在学习英语时，如果将之与翻译一篇英语新闻相结合，那我们就不能只认识英语单词，还要掌握语法，尊重中英翻译中的"信、达、雅"等原则。再比如，我们在学习写作时，如果将之与写出一个实际工作中的工作方案相结合，那我们就不能只堆砌华丽的辞藻，还要注意行文的对象、口吻、格式等。又比如，我们在学习高效学习时，如果将之与尝试写出一本高效学习专题的书相结合，那我们就不能只知道如何高效学习，还要了解一本书的结构框架、层次分割、读者阅读习惯等。

因此，我们要时刻问自己某个知识可以指导解决哪类实际问题，或者某类实际问题的解决需要寻找哪类知识，然后再有计划地行动。将知识与实际问题结合，会让我们在寻找知识时更具有"靶向性"，也有利于激活隐性知识，从而实现知识螺旋的上升，帮助我们用知识解决实际问题、获得结果。

【 知行合一小实践 】

　　写下自己现阶段想解决的问题，寻找对应的知识（可以是 5 本书或者 10 篇文章），然后形成自己的问题解决办法。

四度学习计划制订法：
省时省力保障计划持续可行

针对"到底要不要做学习计划"这个话题，存在两大阵营。

第一大阵营认为，无须做学习计划，"人算不如天算"。与其浪费时间做计划，不如淡定地根据第二天的心情和状态决定第二天的学习内容。

第二大阵营认为，要做学习计划，而且认为做学习计划是一件特别重要且具备仪式感的事情。

朋友大卫给我看他的周计划：A3 大小的白纸上，密密麻麻地写满了 24 小时的任务，几乎每 30 分钟都安排了任务，还标上了不同颜色，甚至还画上了激励自己的涂鸦。

我问他："你做这么一个计划，用了多长时间？"

他说："一上午。"

做计划的目的，是找出最短路径以节省时间精力，而不是让自己像无头苍蝇一样到处乱撞，做无用功。做计划的重点是执行，而并非做计划本身。

从这点上说，大卫的行为已经本末倒置了。

如何制订一个能坚持下去的、有实际意义的学习计划呢？我给大家介绍我的**"四度学习计划制订法"**（见图1-8）：按照学习长度、学习密度、学习宽度和学习深度制订学习计划。

学习长度	学习宽度
学习密度	学习深度

图 1-8　四度学习计划制订法

学习长度：实现单一目标所需学习总时长

学习长度就是完成一个目标需要的总时长，关键是时长规划及截止期限。

对于100天记忆1000个英语单词这个学习任务而言，100天就是总时长，就是学习长度，也是记忆1000个英语单词的学习截止期限。

作家格拉德威尔在《异类：不一样的成功启示录》中提到"10 000小时定律"："人们眼中的天才之所以卓越非凡，并非天资超人一等，而是付出了持续不断的努力。10 000小时的锤炼是任何人从平凡变成世界级大师的必要条件。"

这意味着，要成为某个领域的专家，需要10 000小时（1.1415525年）。换言之，如果每天工作8小时，一周工作5天，那么成为一个领域的专家至少需要 5 年。

思考一下，对于大学生而言，4 年时间够长了，对于上班族而言，基本上每个工作日都有 8 小时工作时间，工作 5 年也应该达到专家的水平？**如此长时间的学习、工作能否保证我们的学习、工作的效果呢？**

不一定。

为什么？

除了用截止期限来保证学习长度，还需要有学习密度、学习宽度、学习深度。

学习密度：学习频次

学习密度就是在总学习长度中的学习频次，包括平均学习的次数及强度。

还是以 100 天记忆 1000 个英语单词这个学习任务来说，100 天学 1 次、密度记为 1/100，100 天学 100 次，密度是 1；100 天学 10 000 次，密度则为 100。

1 和 100，代表相同学习长度下的不同的学习次数。相同学习长度下，学习频次不同，实现的学习效果固然不同。

艾宾浩斯遗忘曲线指出，人们在学习中的遗忘是不均衡的，是先快后慢的——遗忘在最初阶段速度很快，之后速度逐渐放缓，一定时间之后，人们几乎不再遗忘。

可见，增加学习密度，可以更好地控制遗忘的程度，保持良好的学习状态。

举个例子：

同样是背诵 10 个英语单词，一天内我会背诵三次。早上起来，自己的精神状态最好，背一遍；中午再巩固一遍；晚上睡觉前，再背一遍。

对于背诵 10 个英语单词来说，我一天的学习密度就是 3，相比于一天只背诵一次、密度是 1 的其他人来说，我的学习效果自然更好。

学习宽度：单次学习时长

学习宽度就是每日学习时长。

回想大学 4 年，很多同学将大部分业余时间用于在宿舍打游戏和追剧；考试也只求"60 分万岁"，考试前才背上书包去自习室"临时抱佛脚"。这种突击式学习针对普通考试是有一定效果的。等到步入职场之后，我们才发现自己根本抽不出时间"突击"学习。

在有孩子、有工作、学习时间有限的情况下，职场中的我都是利用 3 个月时间集中学习，然后陆续一次性通过了中、高级职称考试。

我的方法是这样的：为了避开北京的早高峰，我一般早上 6 点开车出发，7 点到达单位（30 公里路程），在 8 点半上班之前，我就拥有了 1.5 个小时的整块学习时间。如果上下班坐地铁，我会随时随地拿出自己提前准备好的有需要记忆的内容的小纸条开始记忆；下班回家，睡前也会抽出 2 小时左右集中学习。

　　总结其中的关键点：虽然总复习时间只有 3 个月（学习长度虽然短），但是我每天都学（学习密度足够大），并且保证每天学习 2 ~ 3 小时（学习宽度有保障），这有效保障了我的学习效果。

学习深度：单次学习量

　　学习深度就是单次学习量。

　　如果目标是用 100 天背下来 1000 个单词，那么 1 天背诵 10 个单词就是学习深度。姑且不论背诵效果，我们至少做到 1 天背诵 10 个单词，才能基本完成学习目标。但是如果每天背诵 1 个单词，必然是完不成学习目标的。同理，每天背诵 100 个英语单词也是不实际的。

　　学习深度过深容易使人疲惫，让人产生反感情绪，难以保障学习效果和可持续性，而太浅又难以达到学习效果。

　　因此，学习量要适中。

　　明确学习长度、学习密度、学习宽度和学习深度之后，学习计划就会变得更为清晰明了。要提升成绩，获得结果，重要的是明确学习长度（任务截止期限），再匹配相应的学习深度（单次学习量）、学习密度（学习频次）和学习宽度（单次学习时长），并尽可能专注地完成学习任务。

　　在这个过程中，最关键的就是"做"。"做"才有可能让我们实现目标，也才有可能"错"。"错"也是反馈。借助反馈来反观之后，我们才会产生改进或者优化的动力，从而不断完善自己的学习计划，确保学习目标的达成。

【知行合一小实践】

　　针对自己的学习目标，如3个月通过中级会计师考试，给自己制订一个有学习长度、学习密度、学习宽度、学习深度的学习计划。

三阶段导向：学以致用，常用常新

很多人都明白学习的结果是学以致用，但对用在哪里、用到何种程度，其实说不清楚。

在我看来，学以致用可以分为层层递进的三阶段：第一阶段是衡量知识掌握情况，第二阶段是明确行为的变化，第三阶段是获取知识的价值。

第一阶段：以费曼学习法衡量知识掌握情况

每次考试之前，我都会在很长一段时期内开启"自言自语"状态。

假如当时你和我在一起，会听到我问自己："无领导小组讨论题目的设计流程都是怎么样的？"然后听到我回答："无领导小组的设计流程分六步，第一步是……"

这个看似疯狂的做法也是我的考试秘籍。

这种自问自答，源于我从小对成为一名教师的渴望。我总是想学着以老师的腔调问学生，但因为身边并没有真正的学生，所以在很长时间里，我只能自己既当老师又当学生。

渐渐地，我发现这种自问自答的方式，对知识的理解和记忆起到了很重要的作用，之后便一直沿用。

这跟费曼学习法的原理是一致的：如果你能用简单、自己能明白的话，而不是用行话、术语，将自己学到的知识讲得浅显易懂，你就算把这些知识真正搞明白了。

以我的自言自语为例，用自己的语言重新组织先前读到的内容这一过程，就属于主动处理信息。在这一过程中，所有经过主动处理的信息都能在大脑中留下更加深刻的印象，这样短期记忆就能转化为更加牢固的中长期记忆。

自言自语的关键，是用输出的方式来检测知识的稳定度。输出其实是一个加深理解和思考的过程。在持续的输出过程中，思考力得到刺激，我们对知识的理解便会加深。

我的实践结论是，输入和输出略高于 2 ：1 是效果最好的。比如，用 2 小时输入，用 1 小时输出，学 2 小时的教材，就做 1 小时的练习；看 2 小时书，那就尝试用 1 小时复述或者写下学习内容。每个人可以根据自己的情况设定自己的输入和输出比例，关键在于随时提醒自己不能只输入，还要输出。

【 知行合一小实践 】

尝试用费曼学习法将你在这一节中学习的内容讲给他人。

第二阶段：以最小行动法明确行为的变化

实践出真知。对于书中的知识，在理解的基础上，我们还应该尽量通过行动来进行实用性和可行性的验证，否则学习很容易流于表面。

比如有一段时间非常流行"每天 4 点起床"。我自己也尝试了几天，结果发现这一习惯真的不适合自己，我一到下午就开始脑袋疼、精力不济。综合考虑了体能和工作、生活情况，我果断放弃了。

别人的经验再好，不以指导实践为前提的"认知"学习和讨论，其本质也等于空谈。

如何将别人的经验以自己适合的方式学以致用？我的方法是最小行动法（Minimum Viable Product，MVP）。

参照百度百科的解释，MVP 直译为最简化可实行产品，是一种产品理论，就是小步快走，不断迭代。就是**从自己最容易实施的行为入手，逐渐改变自我**。

比如看了《人性的弱点》，我学到了要多赞美别人。如何行动？那就每天赞美一个人，别人也好，自己也好，我要发自内心地观察，然后赞美到细节里，看到别人听到赞美后的笑容。

看了《曾国藩传》，我学到了"结硬寨，打呆仗"，一步一个脚印，然后自己就开始每天收集所学，即使只是一个启发点，也要不断积累，逐步建立自己的知识库。

看了《小狗钱钱》，我开始把自己放在货币基金账户里的一部分钱拿出来进行多元投资理财，至今也获得了不少收益。

一旦尝到一个小小行为带来的<u>丝丝</u>"甜头"，我便又期待下一个"甜头"，想要继续行动，时间久了，就有可能改变我们的一生。

很多人希望从一本书中"榨"出"改变命运""年薪百万"的具体方法，我认为这很难实现；倒不如从最小行为步骤开始，从每一本书中学一个点，改变一个行为，不久就会发现自己已经有很大改变了。

> **【知行合一小实践】**
>
> 从本书中找一个启发点，实施一个立马能做到的行为。

第三阶段：以问题解决学习法获取知识的价值

在哲学范畴上，价值属于关系；从认识论上来说，价值是指客体能够满足主体需要的效益关系，是表示客体的属性和功能与主体需要之间的一种效用、效益或效应关系。这说明价值是针对主体而言的。

因此，**学习的价值在于解决主体的具体问题**：对于有考试需求的人来说，学习的价值在于通过考试；对于想提升自我的人来说，学习的价值在于改变行动；对于想要挣钱的人来说，学习的价值在于获得财富。

在每一次学习之前，我们要先找到要解决的问题，明确问题要解决到什么程度，也就是标准，然后通过反馈不断调整所学所为，直到达成目标。

我采用的是问题解决学习法，将其拆解为识别问题／明确需求、找到标准、动手落实、反思差距、再次落实 5 个具体步骤。

此处以学习为例来进行说明。

第一步，识别问题／明确需求。

比如要通过研究生考试，我首先需要"让各科成绩高于国家及格线，然后尽量争取高分"等。具体到我自己的实际情况，具体的问题或需求是以二本院校学生身份三跨考研成功。

采用问题解决学习法首先要识别问题。

第二步，找到标准。

找到解决问题的标准非常关键。标准就是明确任务完成指标，包括问题解决到什么程度，要达到什么标准。

很多学生嘴上说要考研，结果连报考院校的分数线都不知道。靶子都找不到，还怎么射箭？没有标准，我们便难以选择，无法行动。

取乎上者得其中，因此我对每场考试的标准都是考满分。

第三步，动手落实。

问题不可能自然解决，只有行为能带来改变。这一步，必须脚踏实地"做"。以我自己考研为例，我会在先收集历年真题、答案，然后尝试做一遍真题，找到没有获得满分的题目，然后匹配更多的时间重点加强。

第四步，反思差距。

在这个阶段要将实际操作的结果和标准进行比对，反思差距。

比如在上一步动手落实中，我发现自己的考研英语写作的答案离参考答案还有差距，我就根据主题对参考答案进行分类整体，研读满分作文，收集好词好句，模仿逻辑表达。

第五步，再次落实。

在这个阶段，我们需要不断修正，直至和标准一样，甚至超越标准。可以说，没有完成式，只有进行式。

【知行合一小实践】

学会用问题解决学习法做结构化汇报或制订一个考试计划。

策略篇·规划自我

策马扬鞭，群策群力

势者，因利而制权也。

——《孙子兵法·始计篇》

孙子曰："上兵伐谋，其次伐交，其次伐兵，其下攻城。"

在战争中，"伐谋"是上选。"上兵伐谋"的意思是用谋略瓦解对方的计谋，让对方的计划落空或者直接让对方谋划计策的人消失，这里的"伐"就是讨伐、去除的意思。

考试是一场无硝烟的"战争"，也需要"谋略"。考试时，我们也要根据自己的情况和其他人（包括出题人和竞争者）的情况，灵活地调整自身的状态，选择合适的方案，通过考试，进而达成学习目标。

⊃ 案例一线：考研成功，小宇宙第一次爆发

2009 年 1 月，我参加了全国硕士研究生入学统一考试。直到 2008 年 9 月，我才决定三跨考研。其难度较大，因此在下定决心考研后，我特别关注用什么样的策略能实现自己的目标。

对于三跨考研，我最大的困难是需要自学专业课。如何能够在短短几个月内，学习完专业学生学习了 3 年的内容？我开始与时间赛跑。

为了更好地背诵知识点，我早餐只敢吃一个拳头大的包子，以免自己吃得太饱会犯困，影响记忆；每天早上 7 点就开始学校的广场上背诵专业课知识点；然后按照学习计划，在图书馆内学习；晚上 10 点图书馆关门，我便继续去深夜自习室学习，直至完成一天的学习计划。

有人说，自学仿佛就是自己抓住自己的头发，把自己提离地面。我并不这么认为。**我认为自学就是面对问题。**

为了激励自己学习，我经常提醒自己，**学习就是在"挣钱"，"挣钱就是省钱"。**如果获得公费名额[①]，我就可以省去 3 年研究生期间近 3 万元的学费，复习仅需 100 天。那不就是学一天挣 300 元？

[①] 2014 年秋季学期起，所有纳入国家招生计划的新入学研究生都会被收取学费。因此书中方法仅供参考。——编者注

有了具体的金钱激励，我每天真的跟打了鸡血似的，坚持宿舍、图书馆"两点一线"。我不仅没有感到学习辛苦，反倒开始享受在图书馆中学习时的宁静，兴奋于接触到的新知识。

这种方法在其他书中也有所呈现。作家李笑来将其用在背单词中，折合下来背一个单词可以"挣"多少钱，然后开始"挣钱"之旅。

因为我是跨专业考研，对于跨考专业一无所知，甚至连目标院校的学姐学长都不认识，所以傻乎乎的我便坐公交车跑到目标院校，在食堂门口蹲着，用"眼缘"来判断这位学姐是不是拟报专业的学生，如果觉得像，我就直接"搭讪"。

为了结识相关专业的学姐学长，我厚着脸皮一个人一个人地问，居然在问到第3个人的时候，遇到了一位学姐。我表明来意之后，学姐还带我参观了学校、宿舍。

这件事情给予我极大的激励。**人是需要激励的，尤其需要自我激励。**

当时，除了跨专业考试这个问题，我还有许多困惑，比如：如何在备考过程中继续担任班长并兼顾班级管理和学习，做好时间管理？如何快速掌握新专业知识？对于理工科背景的我来说，如何更高效地复习主观题然后拿到高分脱颖而出？

太多太多的问题向我袭来，好在我拥有了策略力的加持，我的这些问题都被我一一化解。

正所谓天助自助者。经过短短3个月的复习，我顺利地被目标院校录取，还意外地获得了公费名额。

"知彼解己"，打开策略大门

很多人认为，考试是自己的事情，走自己的路就好，和别人无关。

其实不然。

《高效能人士的七个习惯》中提到，我们总是喜欢匆匆忙忙地下结论，以善意的建议快刀斩乱麻地解决问题；不愿意花时间去诊断、去深入了解问题的症结。

"知彼解己"不仅是进行有效的人际沟通的关键，同样也是学习策略的"金钥匙"。

知彼：对他人尊重

《孙子兵法》中提到，知己知彼，百战不殆。意思是对敌人的情况和自己的情况都有透彻的了解，作战就不会失败。

在考试方面，我们可以将出题人、评卷老师、竞争者，以及考试本身都视为"彼"。对于未知的他们，我们如何才能做到"知"，又该如何"百战不殆"？

爱默生曾说，教育成功的秘密在于尊重学生。**我则认为，考**

试成功的秘密在于尊重出题人、评卷老师、竞争者，以及考试本身。

重视是尊重的核心，重视他人，愿意在他人身上下功夫，就是最好的"知"。站在"彼"的立场上思考问题，就是尊重。

重视出题人：思考他为什么要出这样的题，他想考什么？他想难住我们什么？

重视评卷老师：思考他想看见什么样的答卷？

重视竞争者：思考他们会如何复习？拥有哪些能力才可以在众多的考生中与众不同？

重视考试本身：认真备考。

我从来没有"裸考"过，也从来没想过当炮灰。我参加的每一场考试都是自己根据实际情况精心选择的，都在为自己的未来搭建台阶。

我们只有在重视出题人、重视评卷老师、重视竞争者、重视考试本身的时候，才能带着问题思考、带着问题学习，也就是在践行"向学习要结果"的原则，然后才能"拾阶而上"。

解己：对自己坦诚

解己就是努力让别人理解自己。

让别人理解自己的前提是先理解自己，先对自己坦诚。

很多学生经常会抱怨：为什么自己认真复习还是无法通过考试？

在我看来，"认真复习"的体现就是通过考试，如果没有通过考试，那就没有认真复习。不要骗自己，而应坦诚地反思，承认自己努力不够、方法不对，或者重视程度不足，然后重新再来。

最大的诚意不是对别人的，而是对自己的。

在现实中，我们很难完全对自己坦诚。正如一句话所说的，自己是最容易被自己骗到的人。在学习过程中，我们更容易对自己模棱两可的知识点不做细致分析，遇到问题就翻答案，看完答案就认为自己都掌握了，对自己的学习状态一直感到很乐观。直到遇到"真枪实弹"的"战役"，才突然发现自己"手无缚鸡之力"，但为时已晚。

这和"愚昧之巅"所陈述的情况是一致的：如图 2-1 所示，当一个人的知识与技能水平开始增加的时候，他的自信程度会很快上升，到达一个巅峰。这个时候一个人的自信心就会爆棚，并且很容易陷入自负，认为自己什么都知道了，然后知识与技能水平停在这个节点，自己对此却浑然不知。

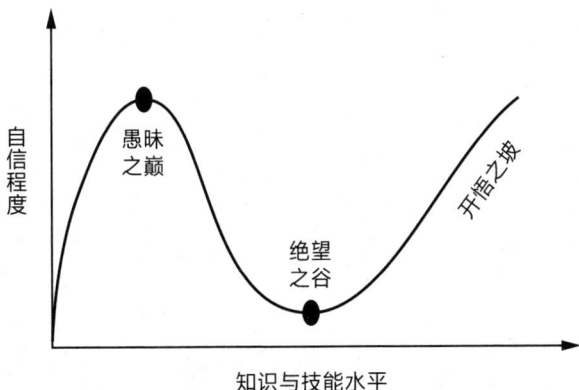

图 2-1　知识与技能水平和自信程度的关系

唯有承认自己的真实水平，知道哪些知识自己是真明白，哪些知识自己是假明白，我们才会有真正改变，才能不断地穿越绝望之谷，走向开悟之坡。

【知行合一小实践】

客观评判你现在的真实学习状态。

变身"出题人"：吃透得分点

策略力的核心是知彼解己。知彼，就是要重视"彼"，要站在"彼"的角度思考问题。因此变身"出题人"正是吃透考点的第一步。

会学才会考：因题制宜抓重点

有爱的人，眼睛里是有光的。同样，用心对待考试的人眼中也会熠熠生辉，他们因此才能逢考必过。

在精力和时间有限的情况下，功利一点地说，学习策略中的第一条就是"考什么学什么"。换而言之，我们要做到"以终望始"，通过以往的考点和试题类型判断学习的重点。

针对不同的试题类型，我们需要采用不同的学习策略。同样是英语考试，阅读理解或中译英的学习策略是不同的。比如阅读理解，只要求我们做对选择题，那么我们学习的重点是扩展词汇量，保证自己认识并大致明白阅读理解中每个英语单词的中文含义。而如果把大量的时间放在有限单词的拼写记忆上，学习无疑是低效的。

如果考的是中译英，也就是把中文准确翻译为英语，那么对扩展词汇量的要求则更高，我们不仅要认识单词，还需要将之拼写正确。在这种情况下，我们就需要侧重单词拼写的记忆和反复训练。

总之，针对不同的试题类型，我们要选择不同的学习策略。下面以考试中常见的试题类型及其考查重点为例进行说明。

▪ 单选题

单选题重在考查答案的精准度。

大家有没有遇到过这种情况：在单选题中的四个选项中，好不容易排除了两个明显不对的选项，然后在另外两个特别有迷惑性的选项中迷茫了，不知道怎么选择，只能随便蒙一个？

针对这种在另外两个选项中傻傻分不清楚的情况，答题人很容易选择错误。答题人选错了，出题人的"目标"就达到了。出题人的"目标"正是用"易混淆"的知识点来迷惑答题人。

因此，对待单选题的策略就是先将模棱两可的知识弄明白。正如前文提到的，应多在"学习区"学习，精准无误地掌握每一个知识点和易混淆点。

▪ 多选题

多选题大多考查记忆性知识。

针对多选题，我的策略是不仅要记住正确选项，还需要记住正确选项的数量。因为如果漏选一个选项，整道题的得分都会受到影响。

在记忆多选题的答案时，我一般都会在知识点上方标注出3、

4、5 等数字，分别代表知识点数量。

在面对诸多需要记忆的知识点的时候，有了知识点数量的标注，我们就能刻意加深对答案数量的记忆，从而提高多选题的正确率。

- **判断题**

判断题多考查细心程度和用词差异。

如果单选题和多选题的知识点都复习得差不多了，那么作答判断题基本上没什么问题了。尽管如此，我们还要注意判断题的肯定表达或否定表达。

出题人很可能在一个句子中间插入一个"不"等很不容易察觉的字。因此做此类型试题时，我们一定要细心判断，并特别注意特殊情况、特殊条件。

- **论述题**

论述题多考查考生的条理性、系统性，侧重于对思维和表达能力的检测，是最能拉开考生之间成绩差距的试题类型。

估计很多人和我一样，认为论述题是最简单的，毕竟只要写了就能得分。但结果往往是答案写得满满的，得分点一个没踩到。

我对自己的要求是，不仅"踩准"得分点，还要将得分点有条理地、系统地表达出来，甚至还需要有自己的分析、阐释。

在后面的部分中，我会用案例说明论述题的答法。

举一反三：触类旁通找本质

作家金克木在《书读完了》中说："只就书籍而言，总有些书是绝大部分的书的基础，离了这些书，其他书就无所依附，因为书籍跟文化一样总是累积起来的。"

在一定程度上，读完那些基础书，我们也可以说"书读完了。"

同样的，把一些基础题做完，我们也可以说"题做完了。"

我上初中那会儿，学习资料没有现在这么丰富，一门课程最多也就搭配一两本辅导书，甚至很多练习试卷都是由学校老师自己编制、复印的。

在我初二的时候，班主任一度安排我来出练习试卷。这一安排极大地锻炼了我的换位思考能力。

刚开始，我真的不知道怎么出，只是模仿现成的题目、改改数字或人物名称。

慢慢地，我开始"动坏脑筋"，想着怎么能把同学难住。当然，不仅仅是用难题，最主要的是用有迷惑性的答案。

享受到这种出题的乐趣后，我开始在所有考试中，把自己当成出题人。

我不断设想自己是出题人会出什么样的题目，会在哪里"挖坑"，会考查哪些容易混淆的知识点。这种换角色的感觉真的很爽。

当用出题人视角去看待试卷的时候，一道题目就能衍生出很多知识点，比如这道题虽然考的是英语语法中的现在完成时态和过去时态的区别，我会顺带把现在完成进行时态一并复习。举一反三多了，易混淆知识点便都掌握了。

从一个知识点发散到其他相关知识点，从一道题衍生出其他题，时间长了，知识点也就穷尽了。有了这种策略，我们就可以从题海战术中解脱出来了。

舒适尊重：让评卷人对你刮目相看

前文提到，对出题人的尊重，是站在他们的角度思考题目。

本节介绍的是尊重评卷人，尊重他们的评卷过程，照顾他们的评卷心情。

面对众多考生的评卷人不是机器人，而是有个人感受的真人。充分考虑评卷者的情绪和感受是很讨巧的考试策略。

题目答案结构化，卷面整齐美观，都能让你的答卷在评卷者眼中特别"舒适"，分数自然会比其他学生多些，也就是"书面分"的说法由来。

结构化答题方式帮你加分

《金字塔原理》中提到，金字塔的最顶层就是文章想表达的主要思想，最底层的就是由句子组成的段落，每个段落只包含一个思想，几个段落形成一个章节，若干个章节就形成一篇文章。

那么如何将金字塔结构运用在答案中呢？

题目：论证坚持长期主义的好处。

答案 1

近两年，长期主义成为最流行的术语之一，更成为企业经营与管理的一种指导思想。长期主义是一种思维方式，在许多方面都很重要，包括商业、政治、社会等领域。一家企业如果采用长期主义的思维方式，就会将长期目标，如品牌建设、企业文化、人才培养等放在靠前位置，而不是只关注短期利益，如追求高额的短期利润。长期主义是一种以长期目标为中心的思维方式，它能帮助企业在决策过程中不仅关注当前的利益，还要考虑未来的发展，从而做出更明智的决策。长期主义可以帮助企业建立竞争优势，促使企业在产品、人才、机制和组织等多个方面构建自己的"秘密花园"和"护城河"。真正的长期主义，是一种能穿越小周期，看透大周期的能力。

答案 2

长期主义是一种思维方式，正成为企业经营与管理的一种指导思想。

第一，一家企业如果采用长期主义的思维方式，就会将长期目标，如品牌建设、企业文化、人才培养等放在靠前位置，而不是只关注短期利益，如追求高额的短期利润。

第二，长期主义是一种以长期目标为中心的思维方式，它能帮助企业在决策过程中不仅关注当前的利益，还要考虑未来的发展，从而做出更明智的决策。

第三，长期主义可以帮助企业建立竞争优势，促使企业在产品、人才、机制和组织等多个方面构建自己的"秘密花园"和"护城河"。

真正的"长期主义"，是一种能穿越小周期、看透大周期的能力，作为最流行的术语之一，它在许多方面都很重要，包括商业、政治、社会等领域。

对比两个答案，内容一样的答案，只是调整了答案的结构，答案 2 是不是美观、整齐了许多？

在使用结构化答题方式的时候，应注意以下两个要点：

第一，按照金字塔原理，采用结论先行的写法，把最重要的得分点写在前面，这样可以帮助评卷人快速找到得分点；

第二，分段使用"第一、第二、第三"或者"首先、其次、最后"等文字来排序，帮助评卷人划分知识点。

【知行合一小实践】

请使用金字塔结构回答一道论述题。

要清爽，不要黑疙瘩

假如你正在考场上，有一行字写错了，你该如何处理？

回想小时候，我们可能会在橡皮擦上沾点口水，使劲擦掉它；技术高超的学生会将胶条粘在错字上"咔嚓"一撕；还有一些同学，则会借助修正带、涂改液之类的工具进行修改。

可能最常用的方法立马在错字上涂一个黑疙瘩，死死地压住那个错字。结果，一份不超过 5 行字的答案，生生地被涂了好几个黑疙瘩。

想象一下，评卷人拿到试卷之后，映入眼帘的是一团团"黑疙瘩"——它们太醒目了，生怕别人看不见一样。可想而知，评卷人对整张试卷的印象不会好到哪里去。

在答题的时候，写错了字，我们只需要在错字上画一条斜线，然后在错字上边写上正确的字就可以了。

千万不要涂黑疙瘩"欲盖弥彰"。

还是那句话，我们要尊重评卷人，尊重他们的感受，清爽、整洁、结构化的答案，更容易被评卷人接受、评阅。

有备而来：比别人先跑一步

能取得胜利的人，往往都是准备充分的人。想完全了解情况并付诸实践，我们必须提前做准备，主动设计。

主动设计：关关难过关关过

为什么我们对很多事情提不起兴趣？

因为我们没有亲自参与设计。

很多时候，我们觉得自己不过是一个提线木偶，只需执行就可以。

小的时候听父母的，上学的时候听老师的，上班了听公司领导的，我们大部分人就这么一路"听"了过来。直到倏忽间长大，才发现自己从来没有"计划"过自己，对未来仍感迷茫，失去了掌控能力。

我就是在这种懵懂中成长的。直到 2008 年 9 月（大四在读），我才决定放弃本专业的学习，跨专业报考管理类研究生，并把考研当成了我自己的目标。

因为一个偶然的机会，我接触到了 SWOT 分析模型。我利用这个模型，对自己的优势、劣势、机会、威胁进行了详细分析，最后决定报考管理类行政管理专业研究生。

表 2-1 是我在报考研究生进行专业选择时所做的 SWOT 分析，并配套列举了相应的做法。

表 2-1　三跨考研 SWOT 分析

SWOT	内容	该怎么做
优势	英语、政治	继续保持
劣势	专业课、数学	提前准备，不选择考数学的专业
机会	有愿意接受跨专业学生的理想学校	研究有愿意接受跨专业学生的院校的情况、专业题和专业科目
威胁	三跨考研难度大	比别人加倍努力

在经过慎重的选择后，我选择了不考数学专业的管理类的行政管理专业。在我当时的认知范围内，这是可以保持我的优势、避开我的劣势的方案。

做了决定之后，我的心中突然像燃起了一把烈火，滚烫滚烫的，那种感觉让我恨不得立马投入我的规划中。我几个月就只为这一个目标而努力。

当从执行者变为了设计者，我也就变被动为主动了。

我不断激励自己：对未来的最好态度，不是赤手空拳，而是有备而来。

对人生的最好对策，不是被动接受，而是主动设计。

【知行合一小实践】

　　尝试用 SWOT 分析模型，分析一下自己当下需要决策的一项事务。

拒绝陪跑：尽最大努力

"还有一个月考试，你复习得怎么样了？"

"啊，我书还没买，这次估计不行了，就去陪跑！"

在多少场考试中，我们都有过这样的心态，书都没有买，就敢去裸考？

我是不允许自己这样的，我给自己的要求是：不当陪跑，有目标必须达到。我的信念是：在能力范围内做到极致，尽最大努力。

从 2008 年 9 月确定考研目标之后，我便开始"费尽心思"搜集学校和专业的相关资料。

▪ 购买报考院校指定的参考书

即使是一样的专业，不同学校的考题也会不一样，甚至得分标准也不尽相同，因此我们最好购买报考院校指定的参考书。

▪ 搜集真题

考研专业课真题对于跨专业考研的学生来说就是专业课备考的核心，想要在专业考试中拔得头筹，就必须要好好研究专业课考试真题：从历年的专业课真题中掌握考试题型、难易程度、考查重点。

如果时间精力有余，我建议考生参考其他学校同专业的考试真题，以此对专业课学习内容进行查漏补缺。

▪ 联系关键人物

前面提到的，傻乎乎的我曾经坐公交车跑到目标院校，在其食堂门口蹲守，用"眼缘"来判断哪个是拟报专业的学生，如果觉得像，就直接"搭讪"。

按照这样的"笨"办法，我还真的联系到了一位目标学校的学姐。

其实除此之外，我还花了1000元购买了另外一名学姐的复习笔记。

那时候的1000元，对我来说，就是一笔巨款，几乎是大学期间两个月的生活费，但是我觉得很值。

一是这位学姐已经考上了研究生，给了我很好的学习备考指引；二是这个笔记是她上了相关辅导班的精华总结，这样不仅帮我省去大量时间精力总结，还帮我联系上了相关的辅导班。

对于"三跨"考生来说，这是一笔很好的投资。

▪ 三个月只为考研这一件事

我的一部分学习是在校内进行的，基本上是从早上7点复习到晚上10点，在中午休息时我也只是在书桌上趴一下；另一部分是在校外进行的，周末我乘坐最早的火车到报考院校所在的城市上专业课辅导班。

就这样，三个月下来，我对能否考上研究生这个问题，慢慢有了答案，内心的肯定感越来越强，幸福和富足感也越来越强。

在专业课辅导班里，我接触到的都是和我报考一个专业的考生，在和他们一起学习的过程中，我已经能够判断自己当时的水平，我甚至感觉我应该是可以考上的。

我对待之后的博士研究生入学考试、职场考试**也抱有这样的心态**，只要决定报名，就没有陪跑的想法，基本上都是用三个月的时间一次性"解决"一个考试。

我希望读到这本书的你也不要再有陪跑的心态，对待任何一次考试，都能拿出自己全部的精力重视它、学习它，然后一次性通过它。

【 知行合一小实践 】

　　你有过陪跑的经历吗？结果如何？如果可以再来一次，你会怎么做？

多做 10%：从众多竞争者中冲出重围

在稻盛和夫的"六项精进"中，第一条是"付出不亚于任何人的努力"。

苏格拉底说："我将那些能做得更好的人称为懒汉。"

上学的时候，老师经常对我们说："考试的时候字要写得工整，要给评卷人留下好印象，这是额外的 10% 的努力。"

回答论述题的时候，写全每一个得分点，还能进一步结合实际和时事，写出自己的观点，让评卷人耳目一新，这是额外的 10% 的努力。

在写英语作文的时候，在保证文章完整度的基础上，尽量将简单句置换为复杂一点的倒装句或者强调句，拔高表达的水平，这是额外的 10% 的努力。

额外的 10% 的努力是区分中等水平和优秀水平的决定性因素，额外的 10% 的努力可以使成果更加显著。

高手与高手最后的比拼就在此。

我们要比其他竞争者多付出 10% 的努力才可以冲出重围。

没有参考书该怎么学

在准备 2012 年博士研究生入学考试的时候，我发现了博士研究生入学考试和硕士研究生入学考试的不同。

博士研究生入学考试，除了考查考生的专业理论基础是否扎实、知识面是否够广，还重点考查考生理论联系实际的能力、思维逻辑能力、语言表达等多项能力。

而且，不同于硕士研究生入学考试，博士研究生招考的院校往往没有任何参考书目。

我就不得不开始思考：没有参考书该怎么学？如何从重要专业图书中找到自己应该学习的内容？如何判断学习的内容会考？

在长时期的"混沌"复习中，我终于找到了适合我的"无参考书"复习方法。

▪ 找到历年考试真题，研究题型和特点

通过各种途径，我在网上搜集了近五年中国人民大学的相关专业课考博试题，发现都是没有标准答案的主观题目。根据实际情况，我的复习策略就是加强对重点知识的梳理、总结和表达。

▪ 以专题为单元，逐个击破

分析历年真题，我发现这些题目主要围绕某几个专题进行考查，比如"电子商务""法治政府""政务公开"，基本上是一道题考一个专题。

遵循"知彼解己"这一原则，就要研究专题的考查角度，结合通过一个专题认识了解预期的基本发展思路，我按照主要专题

的发展背景、发展脉络、发展现状、基本特点、优势与劣势、未来发展等部分对专题内容进行分类整理。基本要求是先不论能不能踩到得分点，至少要保证自己遇到任意一个专题都有话可说，有内容可写。

▪ 不断查漏补缺

之后，我开始扩大参考书的搜索范围。我主要围绕两类书籍丰富知识体系：一是拟报考院校出版的专业书籍；二是拟报考院校、拟报考专业的权威老师出版的书籍。

结合前面提到的 X 沙漏学习法，我在之前学习的基础之上，开始从这些专业书籍中查漏补缺，不断丰富相关专题知识体系，达到提到相关主题，我都可以清晰准确地阐述出它的"前世今生"。

▪ 名言警句和时政信息来加持

名言警句、时政信息经常能起到画龙点睛的作用。答案若能观点鲜明并带有浓烈的时代特色，自然更易出彩。我要求自己不仅要答对专题的基本知识，还要引用相关研究进展或行业动态。

因此，我还会围绕相关专题搜集当下的研究成果或者行业动态，积累相关话题的最新研究和专业表达，逐步形成自己的判断和认识，并将之内化成结构化、系统化的答题模版。

▪ 注重结构，分点描述

在整理笔记时，我们就要养成结构化整理笔记的好习惯，这样不仅方便我们自己记忆，还能让我们养成结构性表达的习惯。

值得注意的是，答题时我们要充分考虑评卷人的舒适度，综合答案的长短，尽量分层次、结构化作答。只要有可能，尽量按照"一是、二是、三是"等分点作答，避免以大段文字的堆砌干扰思路完整性。

▪ 补充所报考专业其他名校的考博题

除了复习中国人民大学的考博真题，我还对专业排名靠前的清华大学、复旦大学、上海交通大学等学校的考博真题进行了研究。

因为每个院校的考试题目风格迥异，差别很大，所以它们能帮助我们锻炼自己对"不熟悉"领域的熟练程度，弥补知识漏洞。

【知行合一小实践】

　　围绕自己近期正在准备的一项考试，分析试卷的题型，设计自己的答题策略。

把考试当练习，把练习当考试

很多人问我，为什么觉得自己平时学得挺好的，一上考场就不行了？考霸是不是真有什么考试秘籍？

如果说真有考试秘籍，那就是把考试当练习，把练习当考试。

大家平时在做题的过程中，有没有出现过以下情况？

- **边问边做、边查边做：缺乏深度思考**

有一类人，他们拿到练习或试卷，一遇到稍有不懂的题目，还没思考 5 分钟，马上就问周围的同学或者翻看答案，一旦遇到不会的题目，立马停下来查资料。

✓ **正确做法**

先做后查，逼迫自己先思考，将思考后有疑问的题目标出，做完所有题目后集中查阅资料，解答困惑。

- **对答案只看错题：把正确当真懂**

有些人做练习的时候，只把自己做错的题对着答案纠正一下，对做对的题则大胆放过，不再思考。

✓ **正确做法**

时刻对自己坦诚，对所有题目一视同仁。很多时候，题目做对是靠"猜"的，因此不仅要把错题弄懂改正过来，还要对照答案进一步审视自己做对的题，看看自己的做题思路是否和标准答案一样。要持续地在"学习区"里学习，不放过任何一个"熟悉的陌生人"。

- **只看成绩不看进步：把考试神圣化**

上中学的时候，我身边有位同学每次考试都会作弊，这不仅是在骗老师更是在骗自己。也有同学，过分看重考试的成绩，每次临考都紧张万分，一次考得不好就一蹶不振。

✓ 正确做法

把练习当考试，把考试当练习，认识到考试是来帮助我们的——帮助我们不断发现自己的知识漏洞和错误，从而弥补精进。不要把考试神圣化，不要有太多的思想包袱。

【知行合一小实践】

查找自己有无以上三种情况，如果有，思考该如何修正。

延迟满足：让每一步知识积累都算数

15 岁的时候，我发现在一个笔记本上记的知识点太多、太零碎，查找起来不方便，就开始用妈妈做会计工作用的便笺纸，对笔记内容进行再次分类，比如，前 20 页记录成语，21 ~ 40 页记录名言名句。这样我就可以非常方便、快速地找到所查找的内容了。现在想来，其实当时自己就是在对知识进行分类整理，也就是现在所谓的分类总结、知识积累。

延迟满足：20 分钟后的软糖更好吃

有朋友问我为什么看书速度那么快？不仅如此，我总是可以迅速地将知识对应到某本书，还能够将一个点延伸到其他的点。

其实很多时候，学习并不是那么有目的，我只是一直坚持让自己做到知识汲取的延迟满足。

什么是延迟满足？

延迟满足，指的是甘愿为更有价值的长远结果而放弃即时满足的抉择取向，以及在等待期中展示的自我控制能力。

这个概念源于延迟满足的实验。这个实验由美国哥伦比亚大学心理学教授沃尔特·米歇尔设计，实验过程大致如下。

　　研究人员发给一些 4 岁被试儿童每人一颗好吃的软糖，同时告诉孩子们：如果马上吃，只能吃一颗；如果等 20 分钟再吃，就可以吃两颗。有的孩子急不可耐，马上把糖吃掉了；而另一些孩子则要么耐住性子、闭上眼睛或头枕双臂做睡觉状，要么用自言自语或唱歌来转移注意力，消磨时光以克制自己的欲望，从而获得了更丰厚的回报。美味的软糖当前，对任何孩子来说都是考验。

　　研究人员在十几年以后研究当年那些孩子现在的表现，发现那些能够为获得更多的软糖而等待更久的孩子要比那些缺乏耐心的孩子更容易获得成功，他们的学习成绩要相对好一些。在后来的几十年的跟踪观察中，研究人员发现有耐心的孩子在事业上的表现也较为出色。也就是说延迟满足能力越强的人，越容易取得成功。

其实，在一个人的日常习惯里也藏着他的延迟满足能力。

有的人下班后忙着看剧、刷视频，只顾着当下的舒适，而有的人却利用业余时间读书、考证、自我提升；有的人会为了一个背包或者一辆车，花掉几个月攒下来的工资，而有的人却会将部分收入储蓄起来或者做投资；有的人为过当下的“嘴瘾”或解压，暴饮暴食，而有的人却为了身体的健康，严格控制体重并坚持健身。

知识积累，其实也需要我们做好延迟满足的准备。大多数时候，我们今天看的书、学到的知识对于解决当下的问题是无效的，暂时没有什么用处，因此我们就容易把这些知识放在"收藏夹"里不闻不问。为了获得更有价值的长远结果，如果能定期将"收藏夹"里的知识进行分类梳理、吸收，那么在以后要用到它们的时候，我们就会事半功倍。

及时整理：通关脑中的俄罗斯方块游戏

很多人小时候应该玩过一个游戏，叫俄罗斯方块。

这个游戏的要点就是把大大小小、形状不一的方块进行堆砌，方块排满一行才可以消除，然后我们就可以获得积分。

可是如果我们把这些不同的方块乱摆乱放，那么方块很快就能堆到屏幕的顶端，游戏也就结束了。

从上学到步入社会，我们掌握的知识又何尝不是如此？它们就像俄罗斯方块一样，大小不一、各式各样。但如果能够进行有效梳理，我们就可以发现这些知识是有结构的，它们是有规律的，是可以依据某种特征进行整理的。掌握了结构，掌握了规律，知识就可以被有效整理，排为一行"消除"（类似于知识内化）。脑中的知识就像俄罗斯方块，只有被不定时地整理，才能被逐渐内化吸收。

如果我们积累的知识之间没有任何联系，那么学习也会越来越让人痛苦。

有了孩子之后，我的有效学习时间越来越少，因此我特别珍惜自己的学习时间，对学习材料也要求自己尽最大可能内化吸收。

申克·阿伦斯在《卡片笔记写作法》一书中将笔记分为闪念笔记、文献笔记和永久笔记三类。李欣频也提到过她自己有好几个小箱子，只要是在阅读中遇到的不同类别的文字，就写下来放进不同的箱子里，使用的时候将笔记拿出来就可以了。

在进行素材积累整理时，我会特别关注以下三点。

一是聚集专题。根据"有用"和"有趣"，聚集自己的学习内容，形成学习的专题。比如我近期的学习专题就是"写作能力""英语学习""法考"等。

二是随手存储。除了书本上的知识，在碎片化时间里看到的社群分享、公众号文章、短视频等，只要是能够为我所用的知识，我都会及时整理到印象笔记中。

三是定期整理。在这些知识暂时没有任何作用的时候，我们也要至少保证每月一次按照知识抽屉对知识进行分类、整理，尽量串联不同知识，形成关键词主题或体系。

四是有目的地搜索。"知识不用就相当于没用"。在遇到一个特定问题的时候，结合 X 沙漏学习法，进入"随手存储"的素材库中搜索，尽力用上素材库中的内容，能在大大提高搜索效率的同时激活素材的有效性。

【知行合一小实践】

用印象笔记等工具整理一下自己的素材库吧！

执行篇·管理自我

执锐披坚，所向披靡

人生来是为行动的，就像火总向上腾，石头总是下落。对人来说，一无行动，也就等于他并不存在。

——伏尔泰

有这样一个故事：从前有一个人特别善于汲取知识且总是滔滔不绝。有一天，他在乘船的过程中，开始兴致勃勃地和船夫讲述自己的知识汲取大法。突然，船夫问他："你会游泳吗？"他回答："不会。"船夫说："那你的知识估计没什么用，因为船马上要沉了。"

　　托·富勒说，行动是知识特有的果实。陶行知说，行是知之始，知是行之成。

　　这是一个需要知识和行动交互的世界，你无论多么有才华，行动起来才能把内在的潜能落到实处。

➲ 案例一线：突然就成了"第三类人"

2009 年 9 月，我的大学同宿舍的小伙伴都已经走上工作岗位，而我开启了自己的研究生学习生涯。

因为我是三跨考研，所以即使自己在复习的时候"恶补"了一些专业知识，但是和本科本专业的学生比，自己还是个"门外汉"。

在研究生学习中，我发现了本科生学习和研究生学习的不同：本科生学习重在知识的积累，而研究生学习重在知识的创造；本科生学习重在考试，60 分万岁，而研究生学习重在调查研究并得出自己的结论；本科生学习重在对知识的记忆，而研究生学习重在知识的链接与迁移。

自那时起，我明白了积累知识并不完全是学习，若不以实践对所学知识加以验证和完善，那自己只能算得上是知识的复印机。简而言之，在积累知识的过程中，形成自己的理论框架并且自成一派才是最重要的事情。

这与"守破离"学习法的内在逻辑是一样的。

"守"指在最初阶段须遵从老师教诲，认真练习基础，达到熟练的境界。

"破"指在基础知识熟练后，试着突破原有规范让自己得到更高层次的进步。

"离"指在更高层次得到新的认识并总结，自创新招数，另辟新境界。

2011 年 10 月的一个下午，我在学校的大操场上偷偷告诉我大学最要好的舍友，我想考取博士。虽然身边没有任何一个同学说要考取博士，但是我下定了决心，毅然决心踏上前路。

舍友惊讶地说："你现在还没有男朋友，不怕嫁不出去吗？你想成为'第三类人'吗？"

"第三类人？"

有些人认为"第三类人"是不被世俗理解的大龄未婚女性，通常指女博士。

但是我更愿意把"第三类人"理解为拥有气魄、雄心且踏实、认真的女性。

我的目标也是成为那一类女性中的一员。

如果我说当时的自己完全不担心以后找不到男朋友，那是假的。但是和因为自己专业知识不扎实而产生怀疑感以及面对未来的危机感相比，我更担心后者。

这是一次关于"选择"的认知和行动。

选择是什么呢？

在成年人的世界里，选择不是非此即彼，而是排序，是最佳资源配置。给若干个选择进行现阶段的重要性排序，然后先做主要的，再做次要的。而在选择的过程中，因为每个人的价值观不一样，所以不同的人的选择也会不同。

我特别喜欢看人物传记，特别好奇那些伟大人物在人生重要节点的分叉路口是如何做决策的，也好奇他们是如何给自己的人生排序的。

美国电影《最后的话》中的哈丽雅特说，没有恶意地坚定不移地做自己。

想到这里，我下定决心告诉自己：对待生命不妨大胆、冒险一些，勇敢地选择自己最想做的事情。而对于当时的我来说，考取博士就是我自己当时想要冒险的事情。

安全边界：别问能不能，先问敢不敢

我备考硕士研究生的时候是和一群人一起复习的。6个小伙伴围坐在一张大桌子上，有来自外语系的，有来自管理系的，小伙伴们每天互相鼓励打气。

而备考博士研究生于我而言，就像一个人的旅程，这一路上没有人与我一起背单词，没有人与我一起上自习，唯一能肯定的是，我要自己给自己鼓励且坚定不移。

当时，同学们都西装革履地去参加应聘，我的舍友也兴奋地告诉我她被单位录取了。而当时的我连简历都没有制作，一心一意就是想考博，多少有点冒险又"孤勇"。

我只能告诫自己："没有后路，才有出路"，如此才能坚持下来。我反复给自己打气：除非破釜沉舟，否则生活不会有任何改变。

在选择报考院校的时候，我坚持要考就考全国优秀的院校，因此就大胆地报考了中国人民大学。

父母知道我要报考中国人民大学后表示了反对，他们"提醒"我："北京离家太远了，从本科生到硕士研究生，你都没有出过陕西省，还是报考省内的学校吧。你一个女孩子要是去了那么远的地方，我们也担心。"

　　舍友也表达了她的疑惑："你还真敢！中国人民大学在全国数一数二，要是没考上怎么办？你还是报考一个有把握的、保证一下子可以考上的学校吧？"

　　父母、舍友对我的担心，我特别理解。类似这样的"提醒"并非第一次出现，这些"提醒"以偏见、借口，或者呵护、关爱等各种形式出现在我身边，有时候犹如一根"风筝线"，拉扯着如同"风筝"的我，想让我变得"安全"。

　　可是，每个人对"安全"的理解是不一样的。每个人能获得的成就的边界其实就是自己能承受的"安全"的边界，而这个"安全"的边界会根据人的勇气大小而扩张或者萎缩。

　　有时候，安全感和梦想其实是不相容的，既想拥有带给我们安全感的东西，又想实现梦想，几乎是不可能的。我们要么放弃安全感，要么放弃实现梦想的机会。

　　"待在父母身边"是父母为子女的安全所划定的边界。

　　"报考一个有把握的学校"是舍友划定的安全边界。

　　而我的安全边界是，穷尽自己的力量，奋力一搏，看看更好的未来和更好的世界。

　　我再一次确定了自己的选择：坚持自己内心深处的真实渴望。

　　只有在认知上破局，才能在行动上破阻。只有不断地扩大自己的安全边界，我们才有可能触碰到更精彩的人生。

　　2012年1月，25岁的我到北京参加博士研究生入学考试，这是我第一次去首都北京，也是第一次去中国人民大学。

　　我费力地背着个书包，拉着两个大行李箱，从地铁4号线人民大学站慢悠悠地走出来。当"中国人民大学"几个字映入眼帘的时候，我浑身上下都在颤抖。

我对这种颤抖的感觉是那么熟悉：初中时，我第一次站在讲台上，带领同学读英语课文时就是这种感觉。记得那时候的我羞涩地站在讲台上，双手颤抖地拿着英语课本，一句一句带领同学读，保证每一个词发音标准。谁知道这篇文章一共就 5 句话，而这短短的 5 句话，我却在前一天晚上听了不下 50 遍。

但是我更坚定，害怕引起的颤抖之后带来的兴奋感和自信心会让我变得更加强大。当时我的脑子里只有一个想法，那就是中国人民大学我读定了。

我选择，我坚持，我负责。

在参加考试前，为了节省住宿费，我晚上寄宿在同学家。早上就背着大书包到中国人民大学里上自习。我把自己当成中国人民大学的学生，真切地感受这里的学习氛围和文化。当我这个来自大西北的普通孩子发现这里的教学楼里居然有咖啡厅时，一种莫名却又强烈的冲击感袭来。想在这里"生根发芽"的渴望强烈地充斥在我的胸口。

人人都"想"进步，可是"想"只是一种自我陶醉，是一种脑内构思，在想的过程中你什么都没"做"。"做"才是一种进展，就算它只是一种试验、练习或小小的挑战，也代表你在积累经验，而这种经验是独一无二的。

不要总是想，你要先行动起来。

当然，行动并不是一个独立的存在，还伴随着效率管理、时间管理、情绪管理等。它们会伴随每一次行动的过程，甚至会影响行动的结果。

效率管理：跳出低水平勤奋陷阱

　　森林中有一个伐木工人正在辛勤伐木，他已经为砍一棵树辛苦工作了 5 小时，筋疲力尽、进度很慢。

　　有人问他："为什么不暂停几分钟，把锯子磨得更锋利些呢？"

　　伐木工人回答："我没有时间，锯树都来不及，哪有时间磨锯子。"

有时候我们又何尝不是这个"伐木工人"呢？忙着做题，却不曾记牢基础知识点；忙着工作，却不曾提升相应技能；又或者忙于融入某个社群，却忘了人与人之间最大的吸引力来自同频思维。

我们太忙了，每天过得都跟"打仗"一样，哪里有自己的时间去"磨刀"？

社会不会理会你有没有时间，更不会理会你有没有"磨刀"。

如何在忙碌的生活中快速"磨刀"呢？

下面为大家介绍几个我的高效神器和小方法，希望可以帮你提升效率。

2 元的小本子，解决大问题

上中学的时候，我特别羡慕某个同学。她不仅完成作业的速度快而且总能拿高分。经过好几天的观察，我发现她写作业时总是用同样一支笔。得到这个启发的我，似乎找到了拿高分的"秘密"，立即跑去商店，买来同款笔。

但是我的效率并没有因为一支笔而提升。真实的情况是，我的同学之所以总是用同样一支笔，是因为这款普通的签字笔她一下买了一盒。

这之后，我开始观察她的学习状态。我发现她总是可以在课间休息的时候完成一大半家庭作业，然后第二天还能给我们讲她昨晚看了什么好看的电视连续剧。

我诧异于她的高效方法，因此更仔细观察她，结果偶然发现她会提前在一张纸上规划这一天的学习任务，并按照这张纸上的规划来行动。

之后，我也开始模仿她，用一个不到 2 元的本子模仿她。

结果一用就是十几年。现在，我每天都离不开它。

我对这种小本子的要求不高，在很多地方都可以买得到它，但是，它一定要小巧，小巧到能够放在口袋里。这样的好处就是它能时时刻刻提醒我此时此刻该做什么。

我现在用的这个小本子价格不超过 2 元，其实就是**待办清单兼梦想清单兼灵感清单兼长周期日程表。**

■ **待办清单**

很多人认为：做待办清单太简单了，不就是列清单吗？

以前的我也是这样认为的，一开始我以为普通周六待办清单是这样的（见表 3-1）。

表 3-1　普通周六待办清单（调整前）

时间	事务
上午 8 点到 10 点	收拾家、洗衣服
上午 10 点到中午 12 点	超市购物、做饭
中午 12 点到下午 2 点	午休
下午 2 点到 4 点	完成学习任务

很多人是不是和我一样，在周末习惯了早上起来收拾房间，洗衣服买菜，家里收拾好了再安心学习，但是往往因为做完了这些家务而疲惫得不想学习了？不仅如此，在上午做其他事情的时候，我心里还一直惦记下午的学习任务，持续给自己制造隐形的压力。

如果一件重要的事情一直被压在心里，人们在干其他任何事情时就会不停地想这件重要的事情，其他事情做得也不会太好。

因此在做待办清单的时候，我们需要按照重要程度对事情进行排序，保证我们保证了完成最重要的事情。

待办清单应该按照重要程度写。

调整后的待办清单如表 3-2 所示。

表 3-2　普通周六待办清单（调整后）

时间	事务
上午 8 点到 10 点	完成学习任务
上午 10 点到中午 12 点	超市购物、做饭
中午 12 点到下午 2 点	午休
下午 2 点到 4 点	收拾家、洗衣服

- **梦想清单**

很多人追求"诗和远方"，那么"诗和远方"到底是什么？

每个人的"诗和远方"是不一样的。比如，2021 年我的"诗和远方"就是完成书稿第一稿、去三亚旅行。试试郑重其事地在本子上白纸黑字地写下自己的"诗和远方"，然后再一项一项地完成，一项一项地划掉。

这个过程真的很过瘾。

《为什么精英都是清单控》一书中有这样一段有意思的描述："提笔写清单是一种'疗愈'的活动，有让人平静下来的作用。把心事'卸下'放到纸上，可以让你注视着它，不用费力地去记它，这样你的焦虑就会减少。"

将完成的事项打上钩，或是直接划掉的时候，我们内心往往会有很大的成就感，由此产生的掌控感也会让我们变得更加积极。

想攻读一个学位、想看一本书、想买一瓶香水、想去一个城市，这些心愿我都会一条条记下来。有条件达成，那我就争取，目前没有条件达成，那我就努力。但是，我至少要把它们写下来，不断提醒自己为之努力。

▪ 灵感清单

无论一场电影、一首歌，还是一句话，任何可以触动自己的内容我们都要记下来，然后再整理到印象笔记中。

将灵感及时记录下来，让每一个划过脑海的"小涟漪"汇聚成"大海"，当中翻腾的"小浪花"总能带来惊喜。比如，你现在看到的这本书中的很多章节的标题，就是我自己日常灵感的体现。

▪ 长周期日程表

你有没有遇到过以下情况？

公司领导打电话说有个紧急任务，需要查个资料。你赶紧查完资料发给领导，可是因为查资料，你原计划今天要交的方案没有写完。等到领导要方案的时候，你说"还差点"。听到领导说的那句"你要提高效率啊"，你又委屈又无奈。

明明每一项工作在计划表中都有对应位置，你也准备好了相应的时间和精力，可是那些匆忙又紧急的"不速之客"总是会出现，那些普通又常规的工作常常被迫推到明天，但是明天又有新的事情出现，你永远追着计划跑。

看着永远都完成不了的计划表，你内心深处很不是滋味。那么我们该如何解决这类问题呢？

秋叶大叔总结的一个方法值得借鉴，就是**制作长周期日程表，以此建立宏观调度视野。**

长周期日程表的作用，在于将重要事项的完成周期提前锁定。也就是，越重要的事项越要尽早被写进日程表，越要提前锁定截止日期。这样我们就能明确自己除去完成重要事项的时间还剩多少，还可以在空白时间段安排什么事情。

有人会问，一个小本子，包括了待办清单、梦想清单、灵感清单、长周期日程表，到底怎么记录呢？

我是这样做的：在本子的扉页上写长周期日程表，把重要事项写在本子的最前面，永远提醒自己要把时间分配给真正重要的事情，当自己翻看小本子时，看是否还有可以安排其他日程的空间。

因为心中的小梦想经常会更新，实现一项就划掉一项。最后我会从前往后记录待办清单和灵感清单。如果一个本子用完了，我就抄下长周期日程表和梦想清单，换一个本子继续记录。

一张大白纸，在备考的路上飞奔

毫不谦虚地说，现在的我最不怕的就是考试。

因为我有"大白纸"。

好奇吗？

那就继续看下去吧！

▪ 画出体系图

以备考为例，首先拿出大白纸（我一般会用 A3 的纸），然后在每一张大白纸上写下一本书每一章的题目。

其实，一本书基本也就有十几章，所以十几张大白纸就可以让我们复习完一本书。

接着在每一张大白纸上以第一节为单位整理每一章的知识体

系图。

每一节和每一节之间要留有足够大的空白，因为我们要在空白处整理每一节涵盖的知识点。

画出知识体系图的目的是整理知识点并快速抓取全书要点。切记画体系图不是抄书，而是挑出自己认为最重要的和自己不明白的知识。这一步，其实就是在把一本厚书读薄。

■ 查漏补缺

我认为，看书一般至少要看两遍，而且通常第二遍效果更佳。

因为第一次接触一本书时，很多知识点对我们来说都是新鲜的，所以我们更多的时候是在被动地吸收内容。

但在看第二遍的时候，因为已经有了第一遍的预热，我们会对很多知识点有一种熟悉感，这反倒会触发自己的一些"思考"和"连接"，我们会留意到更多细小的知识。

这一步的要点，是重新对照着书本和自己在第一步画出的体系图，查漏补缺，盘点、确认知识。这一步也就是把薄书读厚。

■ 复习和考核

做完第一步和第二步，我们已经把书中的知识点整理完毕。接下来，第三步就是看着每一章的大白纸，回忆每一章有多少节，看着每一节，回忆每一节的知识点，看着知识点，回忆大概的内容。如此循环往复多次，直到整个大脑中能够完全浮现整个体系图。

有人可能会问，为什么不直接用书复习和考核呢？

这是因为，拿着书记忆，会有一种书太厚、知识点太多的压力感。可是拿着自己总结出来的几张大白纸，是不是瞬间就感到其实一本书的知识点无非就那么多，争取把这些知识点背下来也不会太有压力呢？

- **■ 反馈补充**

有输入一定要有输出。对知识的理解到不到位、掌握得熟不熟练都需要用练习题来回答。"光说不练假把式。"

具体做法：对照着每一张大白纸，用章节配套的练习题来测试自己，用真实的题目验证自己的学习效果，再把错题中的知识点补充到知识体系图中，直到将考试题中遇到的知识点全部覆盖。

提高效率的关键是抓到本质，大白纸便是抓取本质的利器。

直观来看，将300页的书中的知识点概括提炼到几张纸上，在复习的时候拿着这几张纸，就可以把握住书中的精华，看到一本书的整体脉络。

相反，如果每次都选择不停地翻看一本书，就很难从整体上把握知识，也缺乏宏观性。更重要的是，在反复的对照练习中，我们做题的速度也会越来越快，甚至看到一道题，思路就立马可以对应到一本书的具体章节知识点上，进而提高学习效率。

用金钱换效率：花费金钱也是一种能力

从成本投入来看，提升效率、放大效果的方法无非是花费金钱、花费时间、花费心思。

在提高学习效率这件事情上，我的确舍得花费金钱，因为这可能带来的不仅仅有经验和体验，还有无限知识回报的可能性。事实上，花掉的钱基本上都会给我带来回报。

- **笔记本电脑**

我花了一笔钱为自己购置了一台苹果笔记本电脑，相比之前用的台式计算机，笔记本电脑开机速度快多了，也便利多了。

我会在自己特别有学习兴致的时候，或者特别有灵感的时候，立马打开笔记本电脑，记录脑中所想，不会再因为漫长的开机时间耽误当时的学习热情。

而且这台笔记本电脑重量轻，特别适合随身携带。因此我能随时随地使用它继续学习或者完成工作。这本书中的很多内容就是我在 2021 年旅行时用它写出来的。

- **付费 App**

klib 软件（读书笔记管理工具）、微信读书等，只要是可以帮助我提高效率的，我都会付费成为它们的高级会员。

我经常使用电子书 kindle，会在 kindle 上标记重点，但是我还要把在 kindle 上标记的文字录入计算机，没有办法直接复制粘贴。我购买的 klib 软件可以一键导出标记的文字，和 kindle 简直是神仙搭配。

现在用的更多的是微信读书，基本上有了它，我在地铁上的时间都可以充分利用起来。

- **购买资料包**

如果我要搜索一个专题，除了动手查找相关信息资料，我还会直接在网上购买一些相关专业人士分享的资料包。资料包一般也就几十块钱，但是已经包含了相关信息资料，可以大大节省搜索的时间。

- **请教老师**

在自己能承受的范围之内，如果要备考，我一定会报名相关考试的辅导班，节省总结重点、难点的时间，把更多的时间花在有效学习上，争取一次性通过考试。

时间管理：让每一分钟都增值

"一寸光阴一寸金，寸金难买寸光阴。"

"时间就是生命。"

唯有掌握好自己的时间，成为高效能人士，我们才能拥有对工作和生活的自主权。

非用即失去：100 个 100 天

现代管理学之父彼得·德鲁克说，所有的"管理"，核心都是"自我管理"，而"自我管理"的核心，是"时间管理"。

为了避开北京的早高峰，我不得不在早上 6 点前开车出发，到达单位后开始一天的工作。下班后，我身心俱疲，孩子却嚷嚷着让我给她读绘本，一本接一本。给孩子洗完澡，到了晚上 10 点半，孩子还不睡觉，我偷偷打开了一本买了很长时间却没有机会读的书，正在自己玩的孩子突然跑过来，拿着她的水彩笔在我的书上乱画。

晚上 12 点了，孩子终于睡下，我回到自己的房间想看看书，想起来医生告诫过我晚睡的种种隐患，决定关灯睡觉。

一天一天就这么过去，有多少职场妈妈和从前的我一样：既现实又无奈，心里隐隐的学习梦想被这一个突如其来的小生命和真实的生活打乱？

青少年时期，我们懵懵懂懂，到老年时期身体状况开始走下坡路，20～50岁是一生中最重要的岁月。这30年，看起来很长，其实差不多也就是100个100天。

100个100天，按照季度安排学习任务，差不多够做好100件事情。

明白了这个道理，我就更加珍惜时间，因为要分一大部分时间给孩子，留给自己的时间就越来越有限了。

良好的时间管理能让我每晚躺在床上睡觉的时候觉得一天没有白过，让每一天不再只是一个数字，而让每一天都算数。

有个故事是这么说的：

> 每天给你1440元，要求是每天都花完，因为第二天会全部清零，然后再给你1440元，以此重复。你会怎么使用这笔钱？
>
> 几乎所有人都会想怎么都要用掉这笔钱，有人可能会每天把全部的钱拿来买彩票，有人会用来买些家具、家电，提高自己的生活质量，还有人会买机票，到处旅行……总之不管怎么花，人们想的肯定都是一定要花完这笔钱，因为不花掉就浪费了。

这个1440元是有深意的。根据每天有24小时，1小时有60

分钟来算，1440 正好是你每天拥有的分钟数。

为什么对待金钱，我们会想方设法地花掉它，恨不得把每一分都利用起来，但是对于时间，大家的看法却并非如此？对待时间，我们总会不由自主地浪费它。

以前我认为，反正时间是属于我的，消耗就消耗了。但换个视角，时间非用即失去，我不好好利用时间，时间就会从身边溜走。

怎么办？

或许我们会就此产生某种危机意识，更懂得珍惜，因为"损失厌恶"这一非理性行为会不断提醒我们：那不行，我得把它抢回来，因为我会有损失。

"损失厌恶"由心理学家丹尼尔·卡尼曼提出，指的是面对同样数量的收益和损失时，人们认为损失更让人难受。赚了 100 元你会感到快乐，损失 100 元你会感到不爽，但是，损失带来的不爽要比收益带来的快乐强烈得多，二者是不对称的，这就是"损失厌恶"。

我们要时刻告诉自己，每天的 24 小时，1440 分钟，非用即失去，我们好比在从一间着火的房子中往外抢东西，能抢多少出来全看自己时间管理得怎么样。

管理时间之前，先做好这两步

时间管理是一种工具，可以帮助我们实现计划，带我们去往人生目的地，但首先，我们还是应该先明确目的地在何处。

第一步　为时间找一件事情

"我把时间抢回来了，可是我也不知道做什么好，还是刷手机吧。"

生活中的我们又何尝不是这样？

好不容易从工作中省出两小时，一不小心，花给了刷短视频、朋友圈。

为什么有了空闲时间，我们也不知道如何利用？

因为没有目标，缺失目的地，所以节省下来的时间只会被我们随意"消费"而无法用于给未来"投资"。

我经常问自己一个问题："在一段时间内，脑子里有没有一直想着一件事情？"

某些事情会对生活产生决定性影响，比如考哪个学校、在哪里买房、和谁结婚。这些事情的发生会使生活全然不同。

我错过了高考这一机会，但在 18 岁到 28 岁这十年，我通过考研，不断地提升自己的学历，我在这十年中的大事情就是提升学历。

我错过了房价较低的时期，等到自己有能力买房子的时候，努力攒钱、研究房市，争取买房就是一件大事情。

比如现阶段我的大事情就是写书，除了利用空闲的时间写书，我在地铁里还会看相关专题的图书，在逛书店的时候我会关注其他图书的封面设计，甚至在看电影的时候，我还在思考电影中的台词是不是适合写到我的书里。

脑子里永远想着一件事情，就有可能把自己所有的资源和能力都串联起来。为时间找到一件事情，会让自己对待时间更加认真，更加珍惜，反过来，时间也变得更有价值。

【知行合一小实践】

给你的零碎时间找一件事情。

第二步　细化时间颗粒

时间的概念就是完成一个任务大概需要多长时间，这个时间的长短就是时间颗粒度。

每个人对时间的感知不同，对时间的切分也会不同。有的人的时间颗粒度是 5 分钟，有的人是 15 分钟，甚至有的人会是 30 分钟。

当你旅行的时候，你的时间颗粒度可能会是半天，比如上午去哪里玩，下午去哪里玩。

对于学习来说，我基本上是以 1 小时为一个单位。以我 2021 年 11 月的时间分配为例，因为孩子在老家，我的时间就主要被用来工作、写作、看书以及锻炼身体（见表 3-3）。

表 3-3　2021 年 11 月的时间分配

时间段	时长（小时）	主要事项
6:00—7:00	1	通勤
7:00—8:30	1.5	吃早饭、写作
8:30—11:30	3	工作
11:30—12:30	1	午餐、散步
12:30—13:30	1	午休

（续表）

时间段	时长（小时）	主要事项
13:30—15:30	2	工作、看书
15:30—17:30	2	工作、看书
17:30—18:30	1	通勤
18:30—20:30	2	晚餐、锻炼身体
20:30—22:30	0.5	总结、洗漱

刚开始进行时间颗粒度的练习时，我们可以以半天为一个单位，用半天完成一项任务，然后尝试以 2 小时为一个单位，用 2 小时完成一项任务，然后再逐步调整细化适合自己的时间颗粒度。

写下情景清单，利用好碎片化时间

我们的一天是由三个 8 小时组成的：第一个 8 小时，大家都在睡觉；第二个 8 小时，大家都在工作；第三个 8 小时，你在做什么？

人与人的区别，主要是在第三个 8 小时里体现出来的。

这是著名的"三八理论"。

很多人第一次听说"三八理论"的时候如醍醐灌顶，浑身一震。

"天哪，这 8 小时，我不辞辛劳，刷了 2000 个短视频。"

"天哪，这 8 小时，我用来打了游戏。"

"天哪，这 8 小时，我什么都没干就过去了。"

为了充分利用第三个 8 小时，我的方法是做情景清单。

情景清单，就是在做一件事情的同时，给自己安排不影响这件事情的支线任务，实现在一定时间内完成多件事情的目标，进而强化时间的叠加效能及复用价值。时间叠加其实没有那么"高大上"，无非就是在一段时间内做多件事情。

▪ 通勤路上叠加读书

比如我在坐公交车、地铁时，使用手机微信读书，就是用通勤时间叠加了读书时间。

▪ 使用手机叠加英语学习

把手机都设置为英语界面，让我所获得的一半信息都来自英语读物，比如金融时报、华尔街日报，这样在用手机的时候我就可以时不时学到一些单词。

▪ 写日记叠加语言学习

上学的时候，我就开始用英语写日记，当时主要是不想让不懂英语的父母看懂自己的日记。

直到现在，我的好多日记都是用英语记的，这样做不仅可以达到复盘的效果，还可以锻炼自己拼写英语单词的能力。

▪ 护肤时间叠加收听音频节目

从面部刮痧到敷面膜、涂抹护肤品，再到泡脚，需要花费不少时间。这时我都会打开音频 App，比如得到或者播客，听一节课程。这便是用护肤时间叠加音频学习时间。

福格行为模型讲述了行为发生的三要素：一是动机，二是能力，三是提示。

该模型提出一个行为的发生首先需要"动机"，也就是我们能从这个行为中获得的好处，需要有"能力"实施这个行为。还需要"提示"这个按钮帮助我们开启行动。对于读书、听音频这种行为来说，动机是提取知识、提升自我，提升听读能力的动机自然也有，但是"提示"我们却不一定做得到，尤其在培养习惯初期。

所以，情景清单的制作就是在给自己制造"提示"，设置按钮，刺激行为的发生。比如，我一上地铁就主动打开微信读书，上地铁就是看书的"提示"；一护肤就主动打开音频 App，护肤就是听音频的"提示"。长此以往，行为模式和习惯就会慢慢形成。

【知行合一小实践】

给自己设置一个"通勤路上"的情景清单。

时间管理四象限的正确使用方法

如图 3-1 所示，经典的时间管理四象限告诉我们，可以把要做的事情按照紧急、不紧急、重要、不重要的排列组合分成四个象限。

第一象限：不紧急但重要的事情。

第二象限：紧急而重要的事情。

第三象限：紧急但不重要的事情。

第四象限：不紧急不重要的事情。

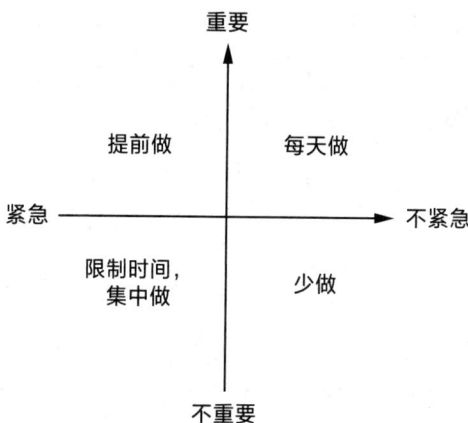

图 3-1　时间管理四象限

　　估计很多小伙伴都知道这个分类，但是究竟该怎么用呢？我的建议如下。

- **每天都做不紧急但重要的事情**

　　这个象限的事情，往往对我们影响巨大但又经常被我们忽视，因为它不够紧急，比如学习、运动。

　　为什么会这样？因为我们总会有一种习惯性的心态：一天不运动又不会"胖"死，一天不学又不会"笨"死。

　　可就在这普通的一天又一天之后的某一天，我们会突然发现自己"嗖"地一下变成了一个发福的中年人；看见职场上"生龙活虎"的后辈，突然危机感重重。

　　所以，对自己来说不紧急但重要的事情，我们一定要重视，最好每天给不紧急但重要的事情一些时间。

　　我给自己定下的一生的不紧急但重要的事情有三件：一是锻炼身体。身体是革命的本钱，锻炼身体或给我带来活力和健康。

所以我要求自己每天至少快走 1 公里，每周上一次健身课，做 2 ～ 3 次抗阻力锻炼；二是学习。学习能力是核心竞争力，是必须要精进的一种能力。坚持看书、思考、实践、写作输出，不停地"刷新"自己；三是旅行，读万卷书、行万里路。有长假就安排远途旅行。没有长假就利用周末两天时间做短途旅行。

一年内也是可以有不紧急但重要的事情，比如今年我的不紧急但重要的事情就是通过法考，那么就要保证给这些不紧急但重要事情分配足够多的时间，而不是拖到最后。因此我要求自己，周一到周五坚持抽出 2 小时学习，周末至少抽出 10 小时学习。

我们千万不要等到没能力做这些事情的时候，才蓦然回首，发现自己什么都没为自己做过；要把这些不紧急但重要的事情永远放在心底，列有限清单，做持续努力。

▪ 提前做紧急而重要的事情

我们人生中的很多紧急而重要的事情，其实都没那么紧急。比如高考、工作面试、重要会议等，因为一定会预留给我们准备时间。

但是，为什么还会产生紧急而重要的事情？

因为我们拖延，所以它们从不紧急但重要的事情变成了紧急而重要的事情。

多少学生考试前才开始"死记硬背"，然后去"裸考"，生生把不紧急而重要的事情拖成了紧急而重要的事情，直到最后一刻才完成。其结果可想而知。

因此，我们一定要尽量减少这个象限的事情。提前做紧急而重要的事情，别主动让"不紧急"变成"紧急"。

▪ 限制时间，集中做紧急但不重要的事情

我有一个同事，非常乐于助人。只要别人让他帮忙，他就会立马停下自己手中的事情，认真地帮别人，一来二去，别人的事情完成了，他自己的事情却毫无进展。

实际中，我们最容易遇到紧急但不重要的事情，比如帮助他人等。

想要不被这些突然出现的事情干扰，我们就要对他们限制时间并尽量一次性完成帮助。比如，遇到十分紧急的状况，我们可以集中时间抓紧处理；如果事情没有那么紧急，就先集中精力处理完毕自己应该做的事情，再去处理这些突发状况。

▪ 少做不紧急不重要的事情

自从有了孩子，我在网上购物的时间"陡增"，适合小女孩的可爱的东西简直太多了，看看小衣服、小鞋子，不知不觉自己就掉进了一个时间黑洞里。一下午，好像啥也没干，就"唰"地过去了。

这些事情不紧急也不重要，虽然做得越多，事中越爽，但是事后的负罪感就越重。因此，为了主动减少网上购物的时间，我会在手机上设置购物应用限制使用 30 分钟，一旦超过 30 分钟，我就无法浏览购物应用，自主地给自己设置门槛。

拿出一张纸，记录下自己的 24 小时都被用在了哪里，有多少时间花在了网上购物、刷直播这种不重要不紧急的事情上，主动给自己设置时间门槛，避免这类事情占用太多的时间。

排解学习情绪：变魔鬼为天使

回想 2000 年年初，在手机都还没有普及的年代，作为中学生的我，能接触到的最真实明显的"竞争"就是教室后面的黑板上的班级排名。

记得每个月模拟考试结束后，教室后面的黑板上就会更新班级排名，我自己的成绩不上不下，在班级里处于中游水平。虽然我当时的竞争意识没有前三名的同学那么强烈，非要争个冠军、亚军、季军，但也不希望自己的排名有所倒退。

在临近高考的最后几个月，大家似乎越来越"计较"排名。我发现有几个排名在我后面的同学考试作弊。随着他们的成绩上去，我的排名自然开始靠后，不公平感觉爆棚的我，立即跑去找班主任汪老师"告状"。

汪老师说："谁作弊我都知道，你不要管别人，自己踏踏实实学。"

高考结束后，班级里那几个作弊的同学没有一个考上大学的，他们过往的"优秀"也不复存在。作弊可以骗别人，但不能骗自己。欺骗会带来一时的假象，但是这种假象一定不会持久。

陈春花老师说过一段话："美好的力量来自知识。你如果不断地阅读、不断地写作、不断地思考，就会发现人很渺小，但又充满力量，可以百无一事，又可以无所不能。"

还是少看排名，不去作弊，踏实走自己该走的路，争取今天的自己比昨天的自己进步一点点，我们才会觉得更踏实、笃定。

指数增长：世界偏爱那些愿意慢慢变好的人

我曾经用 1 个月时间减重 10 斤，但是越到后期，我就越发现体重很难再下降，因为身体已经到了一个极限。

体重管理是刚开始快，后来就会越来越慢的，这是对数增长。

而学习是刚开始慢，到了一定的程度就会越来越快的，这是指数增长。

在学习过程中，我们逐步搞清楚了学习的套路和步骤，甚至还掌握了很多提高效率的工具，因此学习速度就变得越来越快。想象一下自己在骑自行车，是不是刚开始需要费劲把力量压在踏板上，使劲让自行车的轮子旋转起来？可轮子一旦旋转起来，到达了某个临界点，车子一下就轻多了，我们就不需要用太多的力气了。

记得在 2020 年，我参加首届视频号峰会时，第一次见到秋叶、张萌等大咖，羡慕他们在个人品牌建设中的成就。

到了秋叶老师发言的时候，他快速站上台，笑呵呵地说："大家好，其实我在上台之前都还在处理团队的工作。"别人的"速成"其实都是在"慢功夫"的积累上发生的质变。"一分耕耘，一分收获"，可不是"马上耕耘，马上收获"。

　　艾宾浩斯遗忘曲线告诉我们，遗忘是有规律的，我们都会遗忘学习过的东西。其实学习和收获不是即时对等的。那些呈指数增长的事情，才真正值得我们花时间、花精力去做。而大部分人都因为前期的增长缓慢而放弃，在收获指数增长前，没有熬过黎明前的"黑暗"。

　　我非常喜欢曾国藩说的"大处着眼，小处着手"，意思是思考事情的时候要看自己想得够不够大，实际行动的时候要看自己做的事情够不够小。

　　因此，数量和正确的重复是质变发生的重要的保障和基础。义无反顾，要坚持做正确的事情，期待指数增长的到来。

把关注点放在坚持上而非完成上

　　第一次来北京的时候，在国家图书馆里，我昂起头看见几层楼的书，感慨"学海无涯"——"这么多要学的知识，我什么时候可以学完？"

　　我不确定我什么时候可以学完，但是可以肯定的是，我一定学不完。

　　学海无涯，我们要做的不是穷尽所有书，学完所有知识，而是坚持在读书的过程中提升自己，在学习的过程中获得结果。

　　把关注点放在坚持上，而不是一定要完成多少上。

　　认识到这一点，我们就会释然。我们不要沉迷于内容本身，而要看自己的进步及内容的应用和效率。

提高效率的关键是专注，专注的关键就是让眼睛不要向四处张望，而是在自己的能力范围内先把手头上的一件事情坚持做下来。

喜欢看书，就不要抱着"看也看不完全天下的书"的心态；而要在自己的能力范围之内，看多少是多少。

喜欢挣钱，就不要抱着"怎么挣也当不了世界首富"的心态；而要挣一块是一块，保持创富的能力。

喜欢写作，就不要抱着"怎么写也不可能获得诺贝尔文学奖"的心态；而要每天写 100 字也是写，可能写着写着就写出了一本书。

喜欢背单词，就不要抱着"怎么背也比不过母语国家朋友"的心态，而要背一个是一个，也许突然间你就会发现世界向你打开了另一扇窗户。

有些事情，做着做着就真的做到了。

"进一寸有一寸的欢喜。"在可以承受成本的情况下坚持，静待阳光来临，坚持等待的每一天让我们身上逐渐长出薄薄的"翅膀"。

与压力和平相处：打造能量补给站

第一次坐游艇时，只要船的速度稍微快一点，我就紧张得抓紧扶手，硬挺着身子，却依然觉得头晕目眩，眼睛也无法睁开。

家人告诉我："不要对抗海浪，你要顺着它的节奏，乘着海浪，就不会那么难受。"

我立即尝试了一下，努力让自己平静下来，慢慢地感受海浪的起伏，用身体顺着它的节奏，竟真的好了许多。

压力好比海浪，是乘风破浪还是被风吹浪打，选择权在于自己，学会适时给自己减压，保持和谐，有助于提升效率。

直面压力，我们需要对自己坦诚。细想起来，我们有时候之所以压力大，是因为在能力有限的情况下，给自己安排了太多任务，造成了"贪多嚼不烂"难以消化的感受。我们要对自己坦诚，根据自己的实际情况，让自己更加聚焦"实处"和更值得做的事情，尽量减少不实际的目标带来的压力。

直面压力，我们需要站在有利于自己的一面审视问题。如果身边的朋友学习又快又好，自己难免会感觉压力山大，那么我们不妨换个角度想，有这样的朋友在身边，真的是一种幸福，因为他时刻在提醒我们需要进步。很多时候，"难"真的是生命中幸福的开始；"容易"绝不是该庆幸的事情。

直面压力，我们需要把压力当成一种常态。人生的常态离不开起伏，通常快乐与痛苦交织，波峰与波谷交迭。上学时的压力来自学习考试，工作之后的压力来自升职加薪，有了孩子的压力来自孩子的学习考试，循环往复。但正如 TED 中"跟压力做朋友"一集所提到的，适度的压力才是绩效的保障。

我们要尽量和压力和平相处，自主地打造能量补给站，不断给自己补充"电量"，让自己满血复活。

我的能量补给方法有以下 3 种。

- **优化学习环境，强化氛围感和仪式感**

环境对人的作用是重要的，却又是隐形的、起效缓慢的、潜移默化而容易被忽视的。正因为此，优化学习环境，强化氛围感和仪式感非常重要。

我最喜欢做的事情之一，是晚上自己一个人开着台灯，在书桌上学习。

这源于中学时期养成的习惯。我当时之所以喜欢这样做，是因为关掉其他的灯，注意力更不容易分散，因此学习效率会更高。每当置身于橘黄色的灯光下时，自己好像被隔离了，在属于自己的世界以及"隔离时刻"里，我可以聚精会神地认真思考自己的事情，提升学习质效。

优化学习环境的另一种做法是去自习室。我把自习室看成独立于办公室和家的"第三空间"。办公室是属于工作的，家是属于家庭的，只有在自习室，我才可以独立地思考，思考不属于工作、不属于家庭而仅属于自己的事情，更好地专注于当下对于自己来说最需要的事情。楼下的咖啡厅、社区图书馆的自习室都是不错的选择。

- **断舍离，有舍有得轻装上阵**

能量也要开源节流。断舍离就是减少能力消耗的一种方式。学习中的断舍离包括两方面：一是学习物品的断舍离，它包括舍弃和整理归类；二是目标的断舍离。我在自习室学习过程中，陪伴我的就是一个大帆布袋，里面除去电脑、书籍、笔记本，就是一根三色笔，一个大水杯，即省力也不容易分散自己的注意力。

除此之外，我们要尽量简化自己的目标，以三个月为一个周期制定一个目标，力出一孔完成既定目标，取得结果。

▪ 给大脑提供所需营养

实现学习目标，离不开身体效能的发挥，更离不开大脑的支持。大脑要从健康、干净的食物中获取营养物质，除去从食用坚果、补剂获取营养，我还特别喜欢自己在家做饭。做饭虽然是体力活，但是十分治愈。即使是简单的一碗青菜豆腐汤，从去线下超市购买食材、细心地选择食材，到做好饭菜，也能让自己聚精会神地做些简单的事情。吃完自己做得饭菜，简单干净，似乎从胃到心仿佛都被滋养了，感觉自己身上的每一个细胞都充满了元气。

【知行合一小实践 】

把自己的压力写出来，找到疏解压力的方法，给自己补充能量，然后抬起头重新出发，迎接这场人生马拉松。

敬天命：敢做英雄，更勇于做凡人

"敬天命"不是听天由命、无所作为，而是谋事在人，成事在天，努力作为但不强求结果；**更重要的是，尊重常识、承认事情的发展规律，敢于做英雄，更勇于做凡人。**

▪ 相信英雄之旅：敢于做英雄

在《千面英雄》中，作者约瑟夫·坎贝尔认为英雄的成长实际上都遵循着同样的模式，会经历三阶段，包括启程、启蒙和归来。坎贝尔把这个三阶段（17步）的模式称为英雄之旅。对应到学习中，这三阶段也是我们每个人成长的必经之路，是一个人从舒适区进入成长区，并在磨难中自我突破、积极变化的过程。

阶段一：启程。启程阶段是英雄之旅的第一阶段，这一阶段的学习要点是在纷繁复杂的环境和信息中倾听并追随内心，辨认召唤，勇敢地踏出第一步。

阶段二：启蒙。启蒙阶段是英雄之旅的第二阶段，这一阶段的学习要点在于勇往直前，战胜自我，与自己和解，最终破土而出。

阶段三：归来。归来阶段是英雄之旅的第三阶段，这一阶段的学习要点在于满载而归，成为自己，回归宁静的生活，准备迎接新的人生篇章，获得生活的自由。

《英雄之旅》给我最大的启发在于，它揭示的成为英雄的"通用模型"，实际上破解了人生的底层逻辑：想迎来成功，一定会经过困难、挫折。

就学习这件事而言，我的成长也经历了这三阶段。

阶段一：启程。我看清了自己的不足，勇敢走上考研、考博之路。

阶段二：启蒙。我不断探索、实践，阅读大量关于高效学习的图书，总结有效的方法。

阶段三：归来。我致力于实践、传递更多高效学习方法，帮带更多人一起提升自我、成长精进。

▪ 回归最朴素的内心：勇于做凡人

很多人每次发朋友圈都会仔细思考：要不要发？会不会影响自己的"人设"？别人会不会说些什么？

因为太在意别人的看法，因为"不做就没有人会看到错"，最后他们选择了什么都不发。

可是，他们为什么在意别人的看法呢？我认为这还是源于不够自信。

而人们之所以不自信，是因为他们没有相关经验／体验及反馈。

越是对没做过的事情，人们越不自信，越不敢做，越怕犯错，越不做。久而久之，这就形成了一个恶性循环。

观察我自己的孩子，她在 1 岁之前学习走路的过程，就是一个不停地摔跤、不停地站起来的过程。孩子所关注的大多是结果，他们并不会在意别人的看法，因此不停地摔跤也能够不停地站起来。

因此，要达成目标，需要的是对学习结果的关注，而且敢于试错——正视错误的作用及反馈效果，但又不困于错误而举步不前。勇于做凡人，敢于放弃试错后的内耗。

勇于做凡人，在于及时停止过分反刍。

反刍是自然界较为常见的一种现象：奶牛、山羊、绵羊，都是靠吃草来维持生命的动物，它们需要让半消化的食物从胃里返回到嘴里被再次咀嚼，这样它们才能摄入充足的营养。反刍动物的胃在进化过程中逐渐变得特殊，食物被咽下去之后进入第一个胃进行预消化，然后再返回到嘴里被再次咀嚼，然后再被咽下去，这样食物才得以真正消化。

这个过程被称为反刍，它有助于动物消化食物，获取生命能量。一个人懂得反思是好事，可若是让思维陷入反刍模式，对过往发生的事情反复咀嚼、过分思量，则容易被失败吓倒，进而在每次行动前后都沉迷于回顾失败。实际上，过分反刍很容易使我们陷入糟糕的情绪和消极的想法中，让我们的思维在泥泞里打转，从而使我们意识不到自己还有其他选择，而且容易对不确定的情形缺乏控制，阻碍我们进一步提升。

尼采说得好："对待生命，不妨大胆一点，因为我们终将失去它。"因此，停止过分反刍，失败后就吸取教训，快速重启。

高效失败、高效成功。

【知行合一小实践】

针对你目前的学习情况，写下你的进阶计划。

狠狠开阔眼界：世界不只是朋友圈

　　一个老者看到一个男孩正在钓鱼，于是走过去看看他钓得怎么样。那个男孩已经钓到了两条小鱼，就在老者走过来的时候，那个男孩钓上来一条很大的鲈鱼。

　　"这条鱼可真好啊！"小男孩从鱼钩上取下那条鲈鱼，老者说道。但是接着男孩又将那条鱼扔回了水里。

　　"你在做什么呀？"老者大声喊道，"那可是个大家伙呀！"

　　"是的，"男孩回答，"但是我家的煎锅只有九英寸[①]宽。"

这个故事告诉了我眼界的重要性。

我们总是和那些与自己认知趋同的人待在一个地方，比如职场、朋友圈，从而产生了"回音壁效应"，认为目光所及就是全世界。

只有在不断的行动中，人们才会发现眼界的变化。

---

① 约合 22.86 厘米。——编者注

以正循环拓展眼界

我的一个朋友咨询我，说她也想考博士，但是害怕考不上，身边的朋友都没有考博计划，因此也没有人和她一起学习。

我鼓励她去考博。

每一个选择背后都存在着机会成本。选择的对与错，关键在于衡量成本和收益。

就我自己而言，读博士最大的机会成本是 3 年的时间，也就是比别人晚 3 年去积累工作经验和少挣 3 年的工资。但在我看来，读博的 3 年带给了我大于机会成本的收益。

第一，读博扩展了自己的视野和格局。读博士期间，课余时间我还参加志愿活动，担任了全球孔子学院的志愿者、全球互联网大会的志愿者，参与了世界级的会议，并弄明白了大型会议的举办逻辑。

第二，读博让我认识了更优秀的人。这群优秀的人给了我人生方向上的指引，让我知道了原来还有别样的人生路径，也因此磨炼出了自己积极向上的性格。

第三，读博让我知道了很多可能性，让我更加知道自己想要什么。"想要什么"这个问题在很大程度上是由"可能性"决定的。如果不来到中国人民大学，就不知道考取博士后的"可能性"，那么我根本就不会考虑继续学习考取博士后，也不会考虑出书。

总而言之，我的眼界在博士期间得到了很大程度的拓展。

《劝学》中说："登高而招，臂非加长也，而见者远。"学然后知不足。越学习，我们越能发现更大的世界；看见了更大的世界，我们越发现自己需要学习。

更重要的是，学习和眼界之间会产生增强循环（见图 3-2）：学习拓展眼界，眼界强化学习。

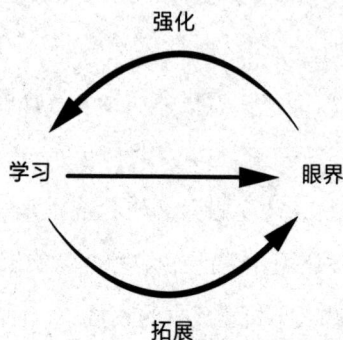

图 3-2　学习与眼界之间会产生增强循环

眼界与学习是正循环，我们越学习，越会意识到自己眼界的狭窄，越需要学习。当眼界逐渐扩大，又会有新的事物进入自己的认知范围，我们便又会寻找需要学习的内容，然后再一次撑大眼界。

以"四度"把握眼界

如图 3-3 所示，我认为一个人可以从高度、广度、关联度、深度这四个角度把握眼界。

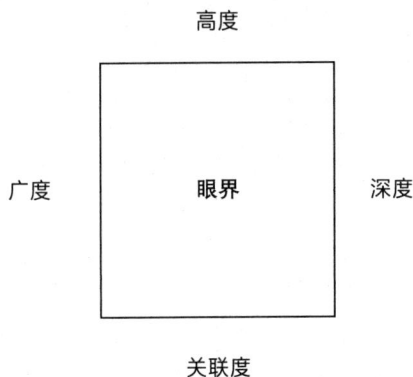

图 3-3 把握眼界的"四度"

何为高度？高度就是要高瞻远瞩，一定要占领制高点，把控前瞻性。

何为广度？我们有了高度更需要广阔的覆盖半径，覆盖半径越大意味着我们有越广阔的选择余地。

何为关联度？这不是一个空白的概念，而是一个贯通纵横的知识体系和运作体系。

何为深度？深度指的是思想的深度，表现为超强的预见性和洞察能力。这考验的不仅是眼光，更是看问题的角度。比如，我们对树上掉下来的苹果习以为常，但只有牛顿发现了万有引力。

以"三识"扩大眼界

如图 3-4 所示，我的方法是在学识、见识、胆识中逐步扩大眼界。

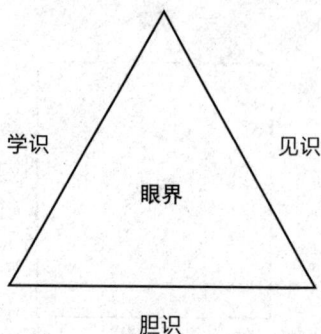

图 3-4　扩大眼界"三识"

- **增长学识**

学识是一个人的知识量。增长学识可以从与时俱进学习及与人为友两个方面实现。

与时俱进学习，指的是跟随时代，学习最新的知识，契合时代趋势。

我们可以阅读领域内提示最新动态的文献，看一些与时俱进的视频课程，如 TED、一刻 TALKS，不断感受现在社会文化、思想、科技的变化。

我们也可以偶尔到招聘网站上看看，了解最新的市场需求以及人才发展要求等，再根据市场需求不定期地更新自己的知识体系和技能，给自己制定标准，知道下一步该做什么，适当调整。

与人为友，是站在巨人的肩膀上看远方。

所谓"术业有专攻""三人行，必有我师"，直接和优秀的人交流的成效是明显的。

木心先生说过一段话："一个年轻人想要快速成长要做两件

事。第一，谈一场或成功或失败的轰轰烈烈的恋爱；第二，跟老人聊聊天，尤其是有智慧的老人。"

多请教他人，可以极大地节省我们的时间和精力。

与人为友，具体可以拆解为以下三步。

一是入门。我们可以从身边找到学习领域的人，观察对方每天的所作所为，请教其入行之道，询问是否有入门图书推荐，然后开始看书，开始搜索查阅相关知识。

二是进圈。我们可以进入行业圈，关注先行者的微信、微博等自媒体，进入他们的社群，关注圈内最新动态，了解业内人士如何解决问题。

三是实践。我们也可以在学中知，在知中学，与他人一起持之以恒地实践，提升自己。

- **增长见识**

见识是一个人的经历，是一种经验的积累，主要体现在事上磨炼和增长见闻上。

事上磨炼，即积累学识，增长见识，把自己培养成"T"型人才。

"T"型人才是掌握业务知识与领导能力的"双内行"。"T"的一横指知识面宽度，一竖指精深的纵向知识，即单科专业度，也可以被理解为从事本职工作必需的业务知识和管理知识。事实证明，一个人的知识面越广，眼界越开阔，思路越广阔，就越可能从事务性工作中摆脱出来，提高洞察、预见、决断和应变等方面的能力，从而透过现象看清本质，抓住主要矛盾。

▪ 锻炼胆识

胆识是一种胸襟和眼界，是一种境界，是一种气场，常常让人想到敢想敢干、敢闯敢冒险、敢作敢为，其背后有的既可以是胆量、决断，执行力强，也可以气吞万里如虎，还可以"泰山崩于前而色不变，麋鹿兴于左而目不瞬"。

锻炼胆识的方法，可分高处着眼和读史明智两种。

高处着眼，是指站在比你高两级的人的位置思考问题。

这是一个经典故事。

张三和李四同时受雇于一家店铺，拿同样的薪水。一段时间后，张三青云直上，李四却原地踏步。李四想不通，老板为何厚此薄彼。

老板说："李四，你现在到集市上去一下，看看今天早上有卖土豆的吗？"一会儿，李四回来汇报："只有一个农民拉了一车土豆在卖。"

"有多少？"老板又问。

李四没有问过，于是赶紧又跑到集上，然后回来告诉老板："一共40袋土豆。"

"价格呢？"

"您没有叫我打听价格。"李四委屈地申明。

老板又把张三叫来："张三，你现在到集市上去一下，看看今天早上有卖土豆的吗？"

张三也很快就从集市上回来了，他一口气向老板汇报说："今天集市上只有一个农民在卖土豆，一共40袋，价格是两毛五分钱一斤。我看了一下，这些土豆的质量不错，价格也便宜，于是顺便带回来一个让您看看。"

张三边说边从提包里拿出土豆，说："我想这么便宜的土豆一定可以赚钱，根据我们以往的销量，40袋土豆在一个星期左右就可以全部卖掉。而且，咱们全部买下还可以再适当优惠。所以，我把那个农民也带来了，他现在正在外面等您回话呢……"

张三和李四就是站在不同层次看问题的人，两者有着不同的思考，必然会产生不一样的结局。

敢想，敢干，才有干成的可能性。

读史明智，是指以史为鉴。

丘吉尔说："能看到更远的过去，才能看到更远的未来。"中学时候读历史，我总觉得历史就是打打杀杀，没有体会到历史的妙处；大学开始读历史，发现这真是一大批被我忽视的宝藏，更是助我逆袭、掌握自己命运的利器。

读历史需要长时间、远距离、宽视野。读历史之后，我变得不再以自我为中心，明白了"屁股决定脑袋"背后的逻辑，知道了"凡不能理解，皆因没有达到"，开始从不同观点、立场、身份、角度看待问题，考虑事情也变得更加周全。

普罗泰戈拉说："**人是万物的尺度。**"在漫长的历史进程中，历代先贤展现了万千生活背后的精彩样本，以及依据不同情境而采用的思维模型和行事规则。

曾国藩连续六次都没考上秀才，甚至还被大家当成反面教材，但他仍不放弃，终于在第七次考试后高中，之后平步青云。从中，我看到了拙诚，知道了有时候不能光追求快，一步一个脚印走得踏踏实实才是最快速的成功方式。

他让我明白，智者的世界和愚者的世界并没有明确的界限，更让我相信，笨小孩通过努力和坚持也能登上人生高峰，因此我用了10年的时间从本科读到了博士后，提升了自己的学历。

成功来来去去，总有周期。一个人知道的东西总是有限的，而历史让人们能够更客观、更独立地看待发展和变化，让人们在遇到挫折的时候，能够正确面对波谷波峰，对正常周期的更迭更有耐心和定力。

长此以往，我们就能驾驭学习而不为学习所驾驭，胆识自然而然也得到了增强。

扩大眼界并不是一件速战速决的事情，只要长期坚持，总有一天，我们会发现自己看懂了很多事情，也明白了很多以前不明白的道理。

创造篇·成就自我

标新创异，新益求新

创新包含着万物的萌芽，它培育了生命和思想，正如树木的花和果。

——莫泊桑

以下是我在生活和工作中经常遇到的一些问题。

"你博士毕业，肯定赚很多钱吧？千万不要像××，虽然读书的时候很厉害，也是个研究生，但工作能力是真的不强。"

"我的业务能力比××强多了，为什么升职加薪的不是我？"

"你是不是一开始就想得特别清楚该怎么用知识来创造财富、改变命运啊？"

…………

这不禁让我思索一个问题：是什么让知识产生了价值、创造了财富呢？

是创造力。作为人类大脑最具代表性也最活跃的功能之一，创造力总能发挥作用，引导人们在日常生活中不断改进、推动创新，并输出自己独有的经验、内容、服务，以给别人提供价值，从而产生新文化、新观点、新工具、新市场、新生活。

⊃ 案例一线：知识真的能价值变现吗

2015 年，我 28 岁，博士毕业进入职场，意气风发。

但是，我的第一份工作并非人们想象中的高级白领，我没有出入高级写字楼，而是进入了北京一家普通的企业，月收入税后不到 7000 元。

我的通勤生活是这样的：早上 6 点乘坐北京地铁亦庄线，再倒地铁 5 号线，再倒地铁 10 号线，单程上班时间为 1 小时 10 分钟。等到了工作单位，我早已精疲力竭，想着晚上下班还要这么折腾一次，自己就会不由自主地焦虑。

当时的我，在偌大的北京市，最直接的期待是可以不用倒 3 趟地铁上班，改为倒两趟。

那时候，看着地铁里玩手机的大多数人，我总是会傲娇又自律地看电子书，头脑里有一个念头告诉我：相比于身边玩手机的同行人，我是更加努力和优秀的。

出了地铁，看着地铁口房产广告上标注的北京动辄 500 多万元的房子，我的内心开始变得酸楚，我开始问自己，不是说书中自有黄金屋吗，到什么时候我看过的这些书可以变成 500 多万元呢？

在我小的时候，家里人就说"知识改变命运"。博士毕业，的确给了我区别于他人的"文凭"光环，可是我的"黄金屋"在哪里？通过学习真的可以改变命运吗？我的信心开始动摇了。

有效利他：发现真问题，找到方法论

为什么读书人很多，但是真正靠读书改变命运的人很少？

因为要实现学习和财富之间的转换，还有很长一段路要走，比如行为的变化、能力的提升、岗位的晋升、价值的传播与交换等。

如果只是盯着学习要财富，毫不夸张地说，基本等同于让男人生孩子。

找准起点：定位真正的问题和价值

我们在陈述问题的时候，往往想到的是习以为常的目标和策略，而不是问题本身。

一辆轿车在路上爆胎了，车上的四个年轻人准备换轮胎，却发现没有千斤顶，当时没有手机，他们想到了向来往的路过车辆借千斤顶，但是来往的车辆要么不停车，要么停下车却没有千斤顶。

过了许久，有一辆空大巴停了下来，司机师傅查看了车、备胎和工具，然后说："我们开始换轮胎吧。"四个年轻人都十分疑惑，不解地问："师傅，千斤顶呢？""要千斤顶干什么？""把车抬起来啊。""把车抬起来一定要用千斤顶吗，你们几个小伙子一起把车抬起来不就得了嘛。"

接下来，四个小伙子一起用力地把轿车爆胎的右后角抬了起来，司机师傅麻利地换上了备胎。

从"问题—目标—策略"的角度分析，车子爆胎是问题，车子正常运行是目标，换胎是策略，而抬不抬车、是否有千斤顶只是策略执行的条件之一。

很多时候，我们容易因为条件缺失而忘却真正的问题。

想获得财富，除了思考如何挣更多的金钱，我们更应该思考如何提升价值，满足"客户"需求，实现财富升级。因此我们应该将关注点转移到改变自己的行为、提高能力素质、提高自身价值、满足"客户"需求上。

"这个世界上不缺有才华的穷人"，这句话很扎心，但是很现实。学历只是获得相对"高"收入的一个因素或工具。价值的背后是认知，是学习，是复杂的多维竞争。

看书学习、提高学历只是提供个人价值的一种方式，但如果我们只能想到这一种方式，那么我们的价值注定是单线条的、薄弱的。而在核心能力之外尝试拓展更多维度，将有助于我们的核心竞争力。

找到关键的真正问题，以"问题导向—目标导向—结果导向"应对真实需求，我们才是站在了正确的起点和跑道上。

授人以渔：明晰你的知识对他人的作用

我身边有很多爱学习的小伙伴，但是他们对于如何高效学习、如何学以致用、如何让学习出结果，仍然存在非常多的疑惑，因此他们经常会咨询我该看什么书，该上什么课。

有一天，我花了大概一小时给一位小伙伴简单说明了我备考研究生复试的流程和方法，结果他居然给我发了一条感谢我的长信息，说醍醐灌顶，我解决了他一直不知道该怎么复习的问题。

他的这条长信息对我来说意义重大。从那时起，我才意识到我自己拥有的经验和知识是对他人有所用的，甚至可以创造价值。

上学的时候，我们的考试都是有标准答案的；进入社会后，等待我们的是"没有答案的世界"。在这种情况下，我们需要读取对方的需求，思考真正的问题，然后找出解决对策，成为解决方案提供者、社会发展推动者。

我的硕士专业、博士专业都是管理学。但是对于初入职场的我们，并没有那么多"管理"他人和组织的机会，面临手拿着一把"大刀"，但不知道如何"耍"的困惑。

在职场中，"象牙塔"中学习到的知识不一定能够立即服务于企业，它需要刻意转化。如果转化得不好就会造成"学无所用"的情形。

我认为，学校给予我们最大的帮助，不是知识的灌输，而是引导并锻炼我们发现问题的能力和解决问题的能力，也就是帮助我们根据企业的需要快速学习知识，在自己的能力范围内解决实际问题。

苏世民说，解决问题的途径通常在于你如何解决别人的问题。

因此我们不能总是盯着自己的"财富"问题，而要想着自己可以为别人解决多少问题。

【知行合一小实践】

问问自己，你的知识对别人有什么用？试着以其中一项知识服务他人。

构建优势：组建"自我公司"

每个人都可以把自己的人生看作一个企业，组建"自我公司"，通过广泛涉猎不同领域的知识，让自己变得越来越强大，让资产变得越来越丰厚。

我们需要像自己运营一家企业一样运营自己的产品，即所谓"一个人就是一个团队"。

为什么到这一步很难？因为个体大多是产品生产、交付、售后等全流程中的一个小"螺丝钉"，没有纵览全局并且串联整个流程的能力和资源。

换而言之，大多数人受角色限制，只重视产品，而不太重视产品背后的交付、售后、关键的上下游等。

我的一个朋友，原来是一家知识付费企业的产品经理，在职期间，他就非常注意积累，在产品研发、引流、销售、售后等多个环节都积累了比较多的信息、技能和经验。之后，那家企业出现运营危机，他便自己注册并成功运营了一家公司。

我们不妨假设自己是在拥抱一项事业，思考自己该如何组建关键的上下游业务，并对公司的现有业务模式进行学习优化，探索创造新价值、创新新路径的可能性。

构建优势：一事精致，便可动人

小野二郎在日本地位崇高，被称为"寿司之神"，"寿司第一人"的美誉更远播全世界。

在《寿司之神》纪录片中，小野二郎对寿司要求苛刻，除了技法、食材、品控，甚至连用餐的小细节他都不放过。

当食客从碟子里取完寿司，小野先生一定立马亲手把盘子擦得铮亮。在他心里，任何一个细节都会影响食客的用餐体验。

不仅如此，他还会记住食客的座位顺序，根据客人性别调整寿司大小。他只会不断地告诉自己："一定还可以再好吃一些""一定还可以更好吃"，不断地努力攀登寿司技艺的高峰，甚至有时候他自己都不知道顶峰在哪里。

在各行各业中，**凡是表现卓越者都是善于用心的人**，他们都会存在一种"将心注入、如有神助"的心态。

如今，生活节奏变得越来越快，人和人、人和事件的互动变得越来越密集，而在这个时代，人们想要静下心专注做好一件事，变得越来越困难了。

一事精致，便可动人。

不少生意人都认同一条规律，"你不可能让所有顾客都满意，如果你试图让所有人都满意，成本就会变得奇高无比，然后你就会逐步失去竞争力"。

最好的方法是遵循"二八原则"，即 20% 的顾客带来 80% 的收入，服务好那 20% 的顾客，先把 80% 的钱赚到手再说。

财富积累同样如此，我们应专注那些可以带来 80% 财富的少数大机会。

柳青在《创业史》中说："人生的道路很漫长，但是关键处就那么几步。"

80% 的回报是由 20% 的事情决定的，影响人生改变的就只有那么几件事——高考、结婚、职业选择。

只有给最重要的事情分配足够多的时间，高强度地做这些事情，才能产生大回报。

将精力和能量投射到一个特定的方向并且不断强化，所积累的专业知识及素养慢慢就会连成一条"线"，再经过长时间的关注和锲而不舍的努力，"线"会成为一条"路"，一条帮助你通往你想去的地方的路。

在一个不断上升的职业领域，下大功夫精进，积少成多，抓住人生中重要的 20%，这些就基本上决定了人生财富的 80%。

"知识—技能—能力"滚雪球

想看一本书就解决人生难题，想学习几天就立马获得回报？

老杨的猫头鹰在《醒脑之书》中辛辣地回复："你又不是钟点工。"

工作一小时就想立马得到回报的想法，的确有点可笑。

值得做的事情，极少有一蹴而就的。相反，我们需要学会找到巴菲特所说的"长长的坡，厚厚的雪"，并用知识、技术和能力实现滚雪球。

▪ 知识滚雪球

在网络时代，各种海量资源向我们涌来。每年出版多少本书？这还没有统计每天公众号、社群、小视频的产出量。我们的大脑经常会被一个个"红点点"轰炸，我们很难静下心来思考。信息越多，线索越乱。

面对海量的学习资源、有限的时间，我们要问：自己想在哪个领域深入研究？其实对于大部分普通人来说，最重要的领域一般就是自己的工作领域或者自己想投入的专业领域。

我们要多用自己的脑子思考，在自己的领域创新，而不是用别人的思考产物填塞自己的大脑。

比如在 2021 年，学习写作能力，写出一本书就是我要精学的领域，那么我写这本书时，不是从第一个字按照顺序写到最后一个字的，而是先确定自己的观点，起草本书的大框架，再将之细化为每一章，最后进行大量阅读补充案例、金句等，才让本书逐步丰满立体的。

除了深耕专业领域，我们还要在泛学体系内不断扩展。

比如，定期打开计算机，看看不同的门户网站，问问自己今天有没有在别的领域学到点什么。以我自己为例，我获取信息的渠道包括界面、澎湃、知乎等。**将这些泛学知识补充到自己的精学体系中去，才能学以致用，常用常新。**

▪ 技能滚雪球

为什么很多从业者工作经验越丰富越值钱？因为将知识变为技能，需要经历积累、内化。

经验是需要时间积累的，不是一下子就可以"下载"到脑子里的。一个人之所以能积累很多经验，不是因为他厉害，而是因为他不犯低级错误，从而能够更多地积累成功的经验。经历不见得是经验，如果你可以把你做的事情完整地写下来，这只是经历；你可以拿来分享转述传播的成功做法才叫经验。经验和积累之间还差一点点，为什么？

因为只有把经验变成标准流程，才能够把"我知道"变成"我会做"，这是一种将知识转化为技能的过程。只有经验不断被优化，技能才会不断被优化提升。

▪ 能力滚雪球

在福布斯富豪榜上有个十分特别的人，他是全球第一位千亿富豪，被比尔·盖茨视为偶像，他就是约翰·洛克菲勒。他有一句名言："假如有人将一无所有的我扔进沙漠里，只要有驼队可以利用，我很快又能成为富豪！"

知识、技能积累到一定程度，就会形成能力。

纪录片《富豪谷底求翻身》，记录了富翁一夜变穷然后又东山再起的真实案例。一些人在拥有能力之后，即使面对不同学科，或者身处不同领域，也能快速成功。《百岁人生：长寿时代的生活和工作》中说，如果我们相信人生漫长，以此作为行动指南，那么我们就能建造宏伟的殿堂，如果我们以财务年度为单位设定计划，那我们只能建出丑陋的建筑。

　　因此我们要做一个长期主义者，给自己一辈子的时间去"滚雪球"，逐渐绘制出属于自己的宏伟蓝图。

【知行合一小实践】

　　当下的你，最重要的事情是什么？该怎么"滚雪球"？

知识创造者：不再只是知识消费者

"奶头乐"是美国国际战略学家提出的理论。1995 年的美国想解决贫富分化等一系列社会问题，为了避免阶层之间的利益冲突，他们就给那些底层人群设计大量娱乐活动，来填满人们的生活，从而转移他们的注意力和不满情绪，让大家慢慢适应和接受现有的生活环境。

再通俗一点讲，"奶头乐"就是在大部分人嘴里"塞个奶嘴"，让人们获得一些娱乐化、游戏化、机制化等付出低成本就能得到的快乐。

大部分人只是"消费者"，每天早上的第一件事就是打开手机"嗷嗷待哺"，不断地消费别人创造出来的游戏、短视频、网文，消磨一去不复返的时间和自己的宝贵生命。如果想从知识消费者转化为知识生产者，离不开作品意识和"一鱼多吃"的关联思维。

作品意识：定向培养每一种"兴趣"

很多人会说，"我对写作有兴趣"，但是有兴趣不代表厉害。**真正的厉害是有结果，用作品说话。**用作品说话，才是对自己负责；用作品说话，才是对学习的最大尊重；用作品说话，才是对"兴趣"的真正认可。

想要培养作品意识，需要注意以下三点。

一是看得透。知识创造者能够看得透他人制造的信息，走得进去也走得出来，以"第三者"的角度客观看待他人制造的信息，做到既可以参与，也可以评价，甚至可以创造。

二是写得出。这个步骤辛苦费力，我们要如春蚕一样将吃下的桑叶转化为蚕丝吐出来。知识创造者需要表达出自己的思想，同时这些思想可以给别人提供价值。

三是传得广。日本作家松浦弥太郎曾将自己的事业形容为，想方设法把自己比其他任何人都了解的东西传播到全世界。他定义过"**收入 = 感动 × 人数**"这一收入公式，并表示，有了自己的产品还不够，还需要设法让它传播到全世界，就像玩多米诺骨牌一样，推倒了第一片，之后的无数片会随之倒下。思考"如何推倒第一片"是非常重要的事情。

出版的一本书就犹如一片骨牌：写书的过程是痛苦的，但是出版发售之后，这本书便会不断被销售，带来源源不断的收入，产生巨大的影响力。

"一鱼多吃"，利用关联思维增强回路

不知道大家有没有听说过视网膜效应，即当我们自己拥有一件东西或者一项特征的时候，我们就会比平常人更加容易注意到

别人拥有的和我们一样的东西或者特质。

比如你才买了一个包，本来觉得它还挺特殊的，但是等背它出门的时候，才发现路上怎么有那么多人和你用一样的包。

这就类似"锚点"，当你想通过学习获得某个结果的时候，就是给自己设置一个注意力的锚点。

比如我关注高效学习，就会关注学生层面的高效学习、职场人的高效学习，甚至是妈妈群体的高效学习。有了框架，我自己会比以前更加敏锐，因为带着问题去思考一切事物，我就像带上了高清相机一样，得以照见更多细节。

所以，不要再比拼学了多少知识，而应注重知识"锚点"，深入知识"锚点"。

当我尝试写一篇有关时间管理文章的时候，我会一直聚焦在这个想法上，然后借助所有途径将这个想法与各种知识相联系，试图实现知识的迁移和关联。我把这种联系称为创造能力，也称为增强回路。

什么是增强回路？是指行为和结果之间形成了回路，而且行为能够强化结果，结果又能反过来强化行为，两者相互赋能，一圈一圈地循环增强。

我喜欢旅行，即使时间紧张也经常抽时间出去旅行，甚至越是时间紧张越会出门旅行。坐飞机的时候，为了打发旅途中无聊的时间，我一般会学习、写作，因为飞机上的活动空间有限，反倒营造了良好的封闭环境。

不想写作了，我就会看航空杂志和报纸，思考杂志的标题是怎么写的，我是不是可以借鉴到我的文章中去，文章的故事是怎么描述的，我是否可以借鉴到我的文章中去……

　　带着这样的思考，旅途变得很有价值。而且更妙的是，如果我们带着多重目标做一件事情，反倒会增强我们的意愿，我们的投入状态也会更好，学习的效率也会更高。

　　关键在于，它们与我的知识形成了联动，并在循环的过程中强化了联系。

　　增强回路的过程，是一个提供正向反馈的过程，也给了我们持续的动力。

【知行合一小实践】

　　从你今天的生活体验出发，结合知识"锚点"，写一篇文章。

知道是什么，更要知道怎么做

　　在新媒体时代，各大平台为了获取流量，都会推送用户喜欢的视频吸引用户的眼球，比如根据算法无限为用户推送用户想看的和关心的信息，使用户只能看到符合自己心智或者喜爱、想看的内容。这样的确会让我们很爽，但也让我们一直在自己的小圈子里晃悠，对圈子以外的事实知之甚少，让自己进入"信息茧房"。

　　"信息茧房"是美国学者凯斯·R.桑斯坦在《信息乌托邦——

众人如何生产知识》中提出的，指的是每个人都有自身的阅读偏好，在选择信息进行消费时，都会从自身兴趣出发，选择与自身信息相贴近的信息，久而久之便将自己置身于茧房中。

如果一个人只是看到了自己想看到的或者自己一直关注的信息，就会忽略很多其他信息。这便如同尼采说的"内在的监狱"，在这样的监狱里，人很难越狱，甚至连越狱的念头都没有。类似于我们看了很多视频，知道了很多事情，但是自己接下来应该怎么做，其实并不知道。

如何让自己每天接触到的知识，成为自己作品的养分，关键在于打破信息茧房：知道是什么，更要知道怎么做。

▪ "为什么—是什么—怎么办"

前文提到了"为什么—是什么—怎么办"模板，就是在围绕一定的专题持续积累素材和话题，确保自己对一个专题内容有整体的把握。

少花些时间在寻求"新鲜"观点上，多花些时间在"自己如何做"和"做"本身上，最终，我们将自己摸索出的成功经验，变成可以为他人提供价值的产品。

▪ 多问问"假如……将会怎样？"

很多时候，事情办不成，都是因为恐惧。

如果你克服了恐惧，事情会怎样？

高考成绩的不理想，也曾让我觉得自卑，甚至不敢去和高中同学联系。

在很长一段时间里，一有时间，我就想立马离开高校所在的城市，总感觉整个城市都是灰蒙蒙的。后来，我心情慢慢恢复正常，才知道，这座城市并不是灰蒙蒙的，只是自己的心是灰蒙蒙的。

当我觉察到"要为自己负全责"的时候，我第一次勇敢地问自己："假如我更努力，将会怎样？"我极度渴望看到那个结果，然后就开始行动，一次小小的假设在 10 年后得到验证。

这个行动让我明白，原来我也可以通过学历逆袭，改变命运。

用同样的逻辑，在看到别人攻读博士后的时候，我又问了问自己"假如我也试试，将会怎样"。于是便在博士毕业后就立刻申请，克服孕期的种种不适顺利出站；在看到别人出书的时候，我又问了问自己"假如我也试试，将会怎样"，于是历经 3 年，终于有了这本书。我甚至有一个原则，"能试一试的时候，就选择试。"

给自己一个机会，我们才有可能看到结果。

【知行合一小实践】

你有没有想做但是一直没做的事情？用"假如……将会怎样？"回答一下。

精进篇·超越自我

力学笃行，臻于至善

读书之法，莫贵于循序而致精；而致精之本，则又在于居敬而持志。

——朱熹

和通过考试、升职加薪比较起来，最好的学习结果无疑是超越现在的自己。

　　打移动靶，就是不要总想着如何成功，而要想着如何优秀。成功是优秀的必然结果。

　　我们应该寻找适合自己的学习方法，把握自己的学习进度，主动掌握学习的内容，设计出自己的人生，然后精准成长。

⮑　案例一线：自己给自己安全感

2017 年，在我准备博士后出站的那一年，我怀孕了。这就意味着如果我想顺利出站，就要在孕期完成至少 10 万字的出站报告。回忆自己以往的学习项目，按照三个月一个小目标的节奏，基本上都是一个阶段只完成一个单项任务。因此，完成第一次怀孕和第一次撰写博士出站报告这个"重合"任务对我来说是一个挑战。

犹豫再三，我还是想试一试，并决定在孕期完成博士后出站论文撰写。

记得自己怀孕的时候，我刚和导师确定好论文题目；开始有第一次胎动的时候，我在国家图书馆里借阅材料；孕晚期弯不下腰吃饭的时候，我带着录音笔和访谈对象沟通。

2017 年，30 岁的我同时孕育了两个"宝贝"：2017 年 10 月，我顺利完成答辩并出站；2017 年 12 月，孩子顺利出生。

有娃、有学历、有工作的我，貌似应该没有什么压力了。实际上，在成为妈妈后的第一年，我却面临了太多手足无措。由于产道挤压，孩子刚生下来的时候，脑袋都是歪的，医生还说孩子脑袋里面有积水，有可能影响今后的发育，等 3 个月以后再观察看看。经历了 3 个月的惊慌失措和惴惴不安，直到去医院检查发现孩子脑袋里面积水消失后，我才长舒了一口气。

经历了这次事件，我自然认为养育孩子是我生命中最重要的事情。

2018 年的我，早早起床背着"吸奶包"去上班挣钱"养孩子"，中午打视频电话"看孩子"，下班回家"带孩子"。这就是我作为职场妈妈的一天。

从三个月可以抬头到九个月可以翻身，从一岁可以爬到一岁多可以坐，孩子的每一次进步都会让我欢呼雀跃。

但隐隐地，我逐渐发现和孩子的迅速成长进步相比，自己仿佛停滞不前了。

"不，这不是我想要的"。随着这句话在我头脑中出现次数越来越多。我意识到，我也要和孩子一样"光速"进步，我害怕自己每年增长的只有年龄。

我要上班，要养育孩子，更要喂养自己的精神和心灵，以免自己因营养不良而枯萎；我为自己的人生负全责，要提早建立一席之地，对冲未来的不确定性。

罗曼·罗兰说，生活是一场艰苦的斗争，永远不能休息一下，要不然，你一寸一寸辛苦挣来的，就可能在一刹那前功尽弃。

学霸、博士、逢考必过，这些东西都是过去，昨天的成功不会带来明天的成功。我甚至害怕这辈子的努力成果只有这些了。

我还想要更多，我希望自己可以"不变老，只变好"。

自适进化，拥抱不确定

"我的青春都交给收费站了，我现在 36 岁了，啥也不会，我只会收费。"这句让人心酸的话，出自收费员李大姐之口。

现实中，有很多"李大姐"。他们守着一项基础技能，从事着安稳的工作，本以为可以安稳地干到退休，可是突然有一天，他们的岗位被撤销了，原来的"饭碗"被无情地打碎了，而本身缺乏一技之长的他们被社会残酷扔下。

《百岁人生：长寿时代的生活和工作》中提到，随着百岁人生的到来，职业生涯也随即延长，也许现在拥有的职业技能还没等到我们退休，就已经不再有用了。

在如此变化更替迅速的社会中，唯有不断提高自己的学习能力，持续更新升级技能，增强抗风险能力，我们才有可能在充满波动性和不确定性的环境中生存下来，才不会被呼啸而至的车轮"碾"在轮下。

我们不能等到要上战场的时候，才发现自己没有武器，而等拾起武器再次学习的时候，才发现别人已经把自己落下了一大截。

《认知红利》中提到，在一个混沌的世界中，统一的生存法则叫作守株待兔，"株"是指那些"不变"的东西，就是已知的事物的正确概念及其运行规律，还有大数下的规则和概率。而"兔"就是那些不确定的机会。

我认为，不变的只有变化。当我们拼命追求不变的时候，其实已经极大地减小了前进的范围，默默地进入了一个固定的轨道，只有拥抱变化，才可能进入更为广阔的天地。

从学校进入社会，很大的区别在于学校中的考试有标准答案，而社会中的考验没有标准答案。

标准答案是我们瞄准的靶子，没有了靶子，我们该怎么办？

很多朋友问我："为什么30多岁的你，每天都可以兴致高昂、充满希望地不断努力？"

我也可以理解朋友们为什么焦虑：除了上班带孩子，他们不知道自己努力为了什么，不知道今天的努力的作用是什么，甚至不能知道自己能做什么，因此会觉得前途遥远、步步为难。

如果，在没有固定靶子的时候，我们就要先学会打移动靶。

多通过一门考试、多获得一个学位，它们是固定靶子，但是不是终极靶子。他们就像此生必驾的318国道上的4646块路碑，只是告诉我们距离终点西藏的大致距离，但是他们并不是我们应该追求的终点。

不断地进行自我进化才是我们的终点。**也就是通过"觉察—策略—执行—创造—精进"的学习五力，按照"认识自己—设计自己—管理自己—成为自己—超越自己"的路径不断进行自我进化**（见图5-1）。

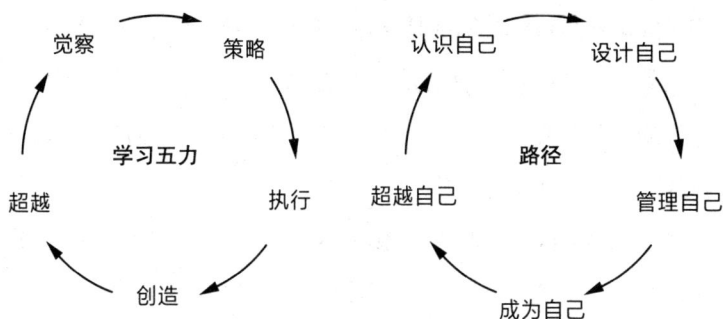

图 5-1　自我进化示意图

因此，我们要想着打移动靶，而不是固定靶。

在没有具体目标的时候，不要总是追求成功，就让自己比昨天的自己优秀那么一点点。

问自己：

有哪些问题，导致你对现在的生活和工作不满意？

有哪些方法，可以促进这些问题的解决？

在这些方法中，自己可以做什么？

多问问自己这些问题，去尝试、了解、探索自己的兴趣和特长、多思考未来的职业道路，多为自己的选择做充分的准备。

因为，优秀是成功的必然结果。

在精进中获得进步的"钟摆"

学习让我远离"无所事事"的无聊，远离"焦虑和否定自己"的痛苦。

学习虽然是为了获得结果，但是结果不是最终目标，我们学习的目标是在获得结果的同时让自己变得更好，超越原来的自己。

经常有人问："你是不是天天都在学习？"

我的确每天都在学习，无时无刻不在学习，因为学习已经融入我的血液，和我融为一体。

从 18 岁到 28 岁，我用了 10 年时间从二本考到博士，逐渐掌握了学习考试的方法。从 28 岁到现在，在近 7 年里，我不断摸索帮助他人通过学习获得结果的方法。

在这个过程中，我的确从学习中获得了结果，研究生、博士、博士后、博主、出书，但更重要的是，我爱上了自己通过学习不断精进自己的状态。

这种状态会让自己像有了惯性一样停不下来，永远向前。

这种状态让我坦然承认自己的不足，也让我不会因为别人的一句批评或者自己的一次失败而丧失信心；我既知道自己对在哪里，又能承认自己错在哪里。

这种状态让我对未来充满信心和期待。

职场，才是真正的考场

经常有人问："你都上班了，怎么还这么喜欢学习？"

我认为，上班和学习不冲突。而职场，更是能够检验我们学习能力和学以致用的好地方。

在 18 岁到 28 岁，我通过学习获得了可见的结果：研究生、博士。这个阶段的学习可能就是读书、做题、写论文。

在 28 岁以后步入职场，我还是通过学习不断精进自己，获得结果：高级职称、出书，学习新业务、探究新领域。而这个阶段的学习可能更侧重于观察、思考、模仿、创新。

在职场，周九晚五的我们可以从不学习，也可以时时刻刻地从工作中学习。我除了利用工作之外的碎片化时间考证、看书，更关键的是在工作中练就从现象中看到本质精髓的能力，然后快速模仿学习，并结合实际创新应用、不断迭代。

开个玩笑，读 MBA 的学费动辄十几万元、几十万元，工作却可以免费给我们提供学习实践的机会，不也很好吗？

前面提到的收费员李大姐如果能够在几十年的工作生涯中，除了做好收费员的本职工作，还能尝试扩大工作范围，增加工作任务多样性，也不至于让自己除了收费什么都不会。

很多人之所以容易怀疑自己，就是因为没有尝试过通过学习改变什么，更没有体会过由此带来的精神满足和自我肯定。

回想小时候，好孩子有一个重要的标准就是听话。我甚至还教育过自己的孩子，要在幼儿园听老师的话。

当心，这种听话可能把我们都训练成了"巨婴"。

一类是"学生巨婴"，是依赖老师的加持或高度重复学习、机械训练的学生。

另一类是"职场巨婴"，是对工作既不认真又不负责，只想着空手套白狼，到了三十多岁的年纪却怀揣着婴儿般心态的职场人。

他们高度依赖于完成别人交付的工作、学习任务，把学习当成任务，永远等着别人喂养。

35岁的时候，我自己的工作转换到了新的领域。在进入新领域初期，有"警告"我这个领域不适合我的企业领导；有建议我换个容易点的工作的朋友。而在对自己进行评估后，我还是义无反顾地进入了新领域，从0开始学习，从掌握自己从事的岗位业务开始学习研究，然后可以逐步从自己的岗位业务向上、向下延伸。

这个过程，给我带来了新领域中企业领导们的肯定，而带来的最直接的东西就是强大的内心，让我不会因为别人的一句批评或者自己的一次失败而丧失信心，让我既敢于承认自己错在哪里，也敢于说自己对在哪里。

这就是在提示我们，要赶紧拾起来被他人定义的"不适合"或者"不可能"，根据自己的实际情况，抓紧时间主动培养自己的核心技能，然后不断拓展，直至自己掌握企业的核心业务，成为企业中不可替代的人。

世界即课堂，每天聪明一点点

查理·芒格说："我不断地看到有些人在生活中越过越好，他们不是最聪明的，甚至不是最勤奋的，但是他们是学习机器，他们每天夜里睡觉时都比那天早晨聪明一点点。"

读万卷书：丰富人生目录

13 岁看书虫系列的英语书，让我对英语着迷，成了教授英语的老师；21 岁看曼昆的《经济学原理》，为我攻读产业经济学的博士后奠定了基础。在人生低谷期，我最喜欢看励志书，它们让我一次次敢于从谷底爬出来，坚持走下去。

我一直将书视为我的"母亲"，不知道哪一本书会"孕育"出新的自己。

非常感谢我在 13 岁到 20 岁读到的书，那些书在我的人生价值观形成时期给我奠定了牢靠的基础。感谢我在 20 岁之后读到的书，那些书让我坚信人生并不艰难，通过学习可以抵达更多的诗和远方。

白岩松说过，一个人的书架就是他的人生目录。

　　大部分人的生命长度都差不多，有书为伴，人生便丰厚了许多。

　　通过写书我真真切切地感受到作者恨不能将毕生研究总结和精华和盘托出，字字斟酌，句句咀嚼，只为输出自己认为最有价值内容，以飨读者。因此，阅读真的是能够快速汲取他人经验的最具性价比的方法。

　　20 岁之前，是价值观形成的重要时期。这个时期我们可以多看伟人传记，看看伟人在重大决策上的选择，以及他们的价值观排序，立志明理。

　　22 ~ 30 岁的时候，是专业能力巩固的时期。这个时期，我们要重视积累专业知识。我在这一阶段，除了学好专业课，还会看很多学习方法类图书，并注重将所学不断地运用到实践中进行验证，实现了考研、考博逢考必过。

　　30 ~ 40 岁的时候，就是我现在所处的阶段。我认为应该在从业领域中，先进行"纬度"学习建立领域框架，后打开垂直空间，进行"经度"学习，像树一样把根向下向深扎。

　　很多朋友总是问我一年要看多少本书才够，总想让我推荐书单，甚至想要和我看一样的图书。在这里，我想强调的一点是，读书破万卷，其重点不是"万"，而是"破"。书重在学以致用，我们要结合自己的实际问题用学习一点点"长"出自己的解决方法，而不是人云亦云。

问自己三个问题，帮助有效阅读

比起聆听音频课程，我之所以更喜欢读书，是因为读书对我们可以根据自己的阅读思考速度掌握节奏，看到令自己有启发的地方，可以选择随时停下来。

以前的我读书时经常要带上好几支彩色笔，遇到好句子我都会在文字下边划上下划线。甚至认为一本书只要被我从头到尾画得五颜六色，就算读完了。

渐渐地，我发现自己读书的范围不确定，在学校图书馆里看到的好书，觉得对自己有用，借回来就看，并未形成属于自己的专业知识系统。

现在的我，通常会结合以下三个问题来开展阅读：

一是我可以怎么做？

二是现在该做的是什么？

三是该怎么帮助其他人做？

这三个问题帮助我将一本书变成自己的行动指南，将一条条"下划线"化为一条条路径，指引我向更好的方向前进。

很多小伙伴在读书的过程中一心求快，看着这本书想着那本书，囫囵吞枣地翻完一本书就扑向了另一本书。就像以前的我似的：虽然爱买书，但是真的不敢老买书，因为我有一个毛病，就是买来的书，总想在第一时间看完，正如一盘散发着香气的美食摆在我面前，我总是期盼着早点品尝。不过，这种习惯就让我看书不细致、不充分。

我们对于书中知识的理解，是会随着我们思维的成熟和经验的积累产生变化的。我们在看完一本书之后并不能完全理解其中的知识，要想完全理解，需要在这一个领域内持续输入，思考、实践、复盘。

比如传话游戏，我们会发现传话超过两个人时，话语的意思就变了，可见，任何人都不可能完全理解作者的本意，我们要最大程度地理解作者的意思，就只能"读书百遍，其义自现"。

好书要反复看，不贪多，而求精。现在我看书，一般至少看两遍。

第一遍阅读让自己大概知道内容梗概。过些时日待第二遍阅读时，我们反而读出了初读时没有读出来的东西。随着自己阅历的增加，新的认知会出现，新的知识链接会建立，以前我们看不懂的道理会慢慢在眼前浮现出"道理"的光辉。

【知行合一小实践】

看完这本书，问自己：

1. 我可以怎么做？

2. 现在该做的是什么？

3. 该怎么帮助其他人做？

掌握外语：拥抱一个别样世界

英语学习是我这辈子永远不能舍弃的东西之一，这不是因为我需要应对英语考试，而是通过英语学习到的西方文化给我打开了一个别样的世界，甚至影响了我的性格。

关于英语学习，我从听说读写四个方面分享一下心得体会。

▪ 英语听力：每天练习一小时精听

在没有国外真实语言环境的情况下，每天练习 1 小时的英语精听是最有效果的。钱锺书说自己一天要练习 20 张 A4 纸的听力，普通人每天坚持英语精听一小时，三个月就可以产生变化。

我们可以借助一些应用程序练习英语听力，以 Aboboo 为例，其最强大的地方是可以听一句话暂停一次，无限次重复，特别对于一句话需要反复精听的小伙伴，方便至极。

▪ 英语口语：找好同频小伙伴或者镜子

记得上中学的时候，我和一个女同学在每次的英语课上，都要给全班同学做课本演绎，将英语课文按照情景剧的形式演一遍。慢慢地，我们俩在这样的练习中，英语口语都获得了非常大的进步。

同理，要练习英语口语，有类似小伙伴或者老师一起练习最佳，如果没有，那我们就对着镜子说，以把一篇文章流利地说下来为标准，同时对照音频原文观察自己的表情和音调不断模仿修正。

▪ 英语阅读：注重时政信息获取

要读懂一篇英文文章，我们只掌握其中的单词是不够的，还需要掌握基本的英语语法（简单句、并列句、复合句、强调句、

倒装句等）。对想要练习英语阅读的小伙伴，我建议先掌握基本的
英语语法知识，从简单句到复杂句逐步练习。

同时，我们不能为了读而读。在读的过程中，如果还可以了
解时政新闻，岂不是更好？喜马拉雅"夏说英文"包含每天 10 分
钟的最新文章讲解，特别适合上班族利用碎片化时间学习。

▪ 英语写作：多进行专题整理

写作是一个积累的过程，在刚开始练习英语写作的时候，除
了模仿别无他法。在任何地方看到别人的好句子，我就按照专题
进行整理，需要写什么题材的作文，我会马上把这些素材拿出来
用就好，到了后期，慢慢就可以尝试修改经典句型。

比如把"Where there is a will, there is a way"（有志者事竟
成）改为"Where there is water, there is life"（哪里有水，哪里就有
生命）。

总而言之，英语学习是一种习惯，慢慢来，比较快。

我相信，经过一段时间的学习，你的收获将远远超过"听说
读写"。

乐于输出：越分享，越成长

1999 年，初中一年级时，我要第一次在全校师生面前进行演
讲，甚是紧张。

当我把自己改了 5 遍的手写的演讲稿输入计算机、打印出来
交给班主任时，他对我说："手写稿变成打印稿的时刻，对于一个

人来说是历史性的时刻。"

我当时对这句话理解得不深刻，只是第一次看到自己手写的文字变成了统一格式的白纸黑字，有一种仪式感。

现在回想，那就是一个人开始将思想进行传播的标志。

最近这些年，我开始修正自己的目标，让目标不再只是围绕"自己"，而是更多地围绕"他人"；让目标不再是"自己获得多少成果"，而是可以"影响多少人"。

说到影响他人，不见得一定要写出来一本书，我们可以从分享开始，即使自己的想法只能对一个人产生影响，那也是有价值的。

只有想到分享，才会刻意地梳理自己想要分享的东西，才会想有条理地将之表述出来。

同时，在分享中，我们才可以和他人或者世界进行碰撞，才能发现自己的问题，不断提升自己。下面给大家介绍几种简单"分享"的方法：

▪ 多提供对他人有价值的朋友圈内容

将自己的学习经验、成果、对别人有价值的东西分享在朋友圈。如果长时间专注一个领域发布观点和想法，比如学习能力，慢慢地我们可能就成为别人眼中的"小专家"。

▪ 职场开会多提建设性意见

很多人在开会的时候绝不发言或者只在前人发表的观点上进行肯定，没有想过其他建议性的意见。我建议珍惜开会发言的机会，刚开始我们提出的建议可能略显稚嫩，但是至少会给他人留下积极思考的印象，还可以慢慢地锻炼当众发言的能力。

■ **进行刻意写作**

比起想得多，做得少，我更怕的是看得多、写得少。

想写得出还能写得好，真的不是一件简单的事情。写作的精髓就在于将网状思维用树状结构，进行线性表达。我们需要去串联每个知识点之间的逻辑和关系，然后结合自己想要阐述的观点，进行有逻辑的表达。

因此，我们要多练习刻意写作，尝试围绕一个专题写出对他人有帮助的文字。

这看似帮助了别人，其实是成就了自己。

【知行合一小实践】

在朋友圈分享一个对别人有价值的事情吧！

学习无终点，超越自我永无止境

将"痛"变成"乐"，发现学习之美

我曾听一位老师说过，成年人的学习真的是靠痛。

心有戚戚焉。

2017 年，因为自己存钱的方式很单一，我被同事耻笑为"人傻钱也不多"。得知同事买了当时年利率可观的理财产品，我顿时觉得自己好像损失了一个亿。

被耻笑后，我才开始学习理财，虽然学得还都是皮毛，但开始获得了不错的理财收益。加上用本来准备换车的钱在老家买了房子，随着房子增值，我更是实现了"包租婆"的小日子。

"痛"可以给予我们学习的动力，但为什么很多"不痛"的人，比如查理·芒格这样的牛人还在不断地学习？

查理·芒格是位非常伟大的企业家，同时也是一位资深的读书爱好者，他被人们称为"行走中的书架"，那句"无论在哪里只要有本书，就不算浪费时间"也激励了众多读者。

双料董事长宋志平更是读书按筐算，他提到过"我床头有个书筐，筐里大概有二三十本新书，差不多一个月换一筐"。

"痛"的被动学习，可能只是暂时的；只有"乐"的主动学习，才可能持久。乐于学习的人已经体验到了学习带给他们的乐趣，深知"为什么"，在学习中痛并快乐着。

在我的影响下，我孩子最多的"玩具"就是书。

记得她在两岁的时候，看见我在看书做笔记，问"妈妈在干什么？"我说："妈妈要学习进步。你以后也要学习进步？"她忽闪着眼睛，若有其事地对她姥姥说："姥姥，快把我的小进步拿来，我也要学习进步。"从她两岁开始，我就带她和我一起去图书馆或者咖啡厅。

学习和哺乳一样，你吃什么，孩子就会吃什么。

现在孩子 6 岁，阅读识字能力、专注能力明显比同龄孩子强，经常要求我带她去图书馆或者书店，选择自己喜欢的图书来阅读。

学习除了带给我学历、职称、进步，还让我拥有了定力，甚至对孩子进行了润物细无声的教育。对于我来说，这是学习之美。

而真正发现学习之美的学习，才是最高级的学习。

在我看来，人生犹如一本永远阅读不完的书。每一次，在我们认为自己懂得什么时，便马上会出现自己不懂的新鲜事物。

但是在学习的过程中，我们会慢慢地形成一种定力。这种定力，使人能够在充满竞争的世界里，深刻认识到自己的实际水平和发展规律，不被错谬信息干扰，不因受他人打击而产生自卑心理，从而对自己不偏激、不放弃，按照自己的发展进步规律稳扎稳打。

这个有点类似内观——如实观察，关注事实的真正面目。

学习的过程也是内观的过程。只有用一生的长度去看当下，从全局中接受自己、包容自己，以平静的心态面对自身学习效果不佳或滞后性，面对激烈的竞争不疾不徐，不争不抢，我们才能持续行动，持续积累。

适应商：比智商情商更重要

我们是不是经常思考，如何在完成 A 后，再开始做 B ？如何等到有年假再出去旅行？如何等到孩子睡觉了再学习？

创业投资人娜塔莉·弗拉托曾在 TED 就"如何选择有潜力的创始人"分享了自己的看法。她提到，当她决定支持哪位初创企业创始人时，看重的不只是智慧或者个人魅力，并非智商和情商，而是适应商（Adaptability Quotient，AQ）。厉害的人，往往以此作为衡量一个人职业潜能和价值的主要指标。

弗拉托分享了自己评估及提升适应商的三种方法。

一是询问自己"如果……会怎样"等问题，并进行模拟想象。

二是寻找"反学习"迹象，积极回归未知状态。

三是把探索融入生活或事物中。

以经常训练自己思考"假设"问题为例，我们可以假设自己所在的企业一夜之间倒闭了，自己该怎么办。这样的做法可以强迫大脑模拟可能情景，训练自己在制约条件下实现目标。

比如，将"如何在完成 A 后，再开始做 B"转变为"如何在还没有完成 A 的制约条件下，同时实现 B"，以及将"要等到有年假再出去旅行"转化为"如何在没有年假的时候旅行"。

"满地都是六便士，他却抬头看到了月亮。"在《月亮和六便士》中，毛姆的这句比喻曾引发众人的共鸣。

六便士是生计，月亮是人们真正想做的事情，而人们所做的，是努力找寻六便士和月亮之间的平衡。

朝九晚五的人，也可以浪迹天涯。

有了这样的思考，加上目标驱使，我经常在周五晚上坐上飞机，用周六、周日两天旅行，周日晚上再坐飞机返回。我曾利用周末两天去过新加坡和马来西亚，甚至还想去俄罗斯和日本。

即使两天的旅行时间比较有限，也可以让我们"在路上"。与其等待一年一次的年假，我们不如利用好周末时间，选择适合的地方以实现多地旅行。

又比如，将"是不是要等到孩子睡觉了再学习"转化为"如何在孩子睡觉之前学习"。

我的做法就是和孩子一起学习——我写作，她画画或者看书。虽然她偶尔会问我问题，但是对我学习的总体状态影响不大，孩子还养成了晚上画画或者看书的好习惯。

坚持这样做之后，我的夜晚时间被用来完成了更多的事情，比如写一篇文章。

经常这么思考，我们真的会发现时间被充分利用，而我们也不知不觉就做完了很多事情。形成习惯之后，我们甚至会逐渐产生危机意识，会不自主地思考限制条件，常常会思考如果没有工作该怎么办，如果没有明天会怎么样。

给自己准备一个备份方案（plan B），我们就可以让自己在任何环境下都有备无患，坚韧生长。

不被牵着走，让每一天更有掌控感

你有没有希望过一天早点过去，但是又害怕一天就这么过去了？

你有没有说不出今天和昨天的区别，甚至找不到自己今天相比于昨天的进步？

你有没有感觉自己就像一匹被人牵着的马，没办法自由奔跑？

又或者，眼看着自己大部分时间和精力被琐事占据，只是盲目跟随着别人的节拍不停跳动、忙碌、辛苦直至麻木，却又在夜深人静的时候感觉焦虑，觉得危机重重，明明身体感觉很疲惫，躺在床上却怎么也睡不着？

……………

细想种种恐惧和不安，我们有时会感觉自己的人生被别人掌控，自己却无能为力。

"不想一辈子被别人主导""找回人生主动权"的话语无数次在头脑中嗡嗡作响，如何让每一天更加有掌控感？

人生赛道的任何一个时刻都是起点。

▪ 列每日清单，写下自己真正想做的事情

花至少一天或者更长的时间，想一想有没有压在心里的事

情——那种要是自己不做，老的时候一定会后悔的事情；然后，用一张纸，把这些事情白纸黑字地写下来。

据说，乔布斯每天早晨都会对镜自问："如果今天是我生命的最后一天，那些原本今天要做的事我还想去做吗？"如果答案连续多次都是"不"，他就知道自己得改变一下了。

一旦我们在奋斗的过程中设定目标感、效能感，生活就能够被构筑，在赋予生活意义、承担责任、掌握新技能的过程中，我们拥有了对时间、对学习的掌控感。

像国庆、春节这样的大长假，特别适合好好厘清思路。我推荐你看看电影《遗愿清单》，它也许会给你启发。人生苦短，很多真心想做的事情，是多么容易被自己拍死在心里，连说出来的机会都没有。

我特别想说的一点是，一定要在达成目标的系统内列每日清单，并将其记录在小本子中，随身带、随时看、随时记录。

很多人应该都有列清单的习惯，在我看来，关键是在清单中体现能帮助自己实现梦想的具体行为，在达成目标的系统内，梳理自己阶段性的目标，以终为始，重新推演自己的每日行动，而不是简单的起床、上班、下班、读书、睡觉等。

▪ 坚持事上磨炼：以行动对抗熵增

此前除了写论文，我并没有在网络上发布过文章。但我的一篇不到 1000 字的文章"我为什么喜欢读电子书"，带来了 14 万 + 的浏览量。

这件事情给予了我极大的自信和启发，并让我明白，学习本身带来的变化大多是内在且难以转化的，而表达和创造可以带来真实而显而易见的变化。

思考没办法被量化，只有行动才可以被量化。

不行动就会带来自然熵增，即一个自发的由有序向无序发展的过程，最终不可逆地走向老化死亡，只有行动才能抵抗熵增。

因此，我便能顽强地坚持要把这本书写出来。

▪ 将长期主义视为价值观

高瓴资本创始人张磊说："长期主义不仅是一种方法论，更是一种价值观。"贝索斯在《长期主义》一书中称"长期主义思维是真正主人翁意识的必备条件和必然结果"。如果你的梦想很伟大，比如"财务自由"，就需要给这些梦想一辈子的时间慢慢去孕育，摒弃"豆芽"思维——希望自己在两三天内快速成长、有所收获，我们要将时间的尺度尽可能拉长，长期持续地保持专注和精进。

一旦我们可以坚持用一辈子做好一件事，内心就会更加笃定和平静，也能对现实中的困难更从容。无关风雨险阻，我们都可以按照既定的方向行驶，从而在每天变好一点点的过程中，掌握人生主动权。

在我看来，**人生的考试并不只存在于学生阶段。**人生当中，还有众多没有监考的"考试"，我们只有**选择自负全责，不作弊、不自欺，坚持学习并反复练习、精进，向学习要结果，用智慧驾驭知识，才能越来越接近更好的自己。**

参考书目

1. 彼得·考夫曼. 穷查理宝典：查理·芒格智慧箴言录 [M]. 李继宏，译. 北京：中信出版集团，2016.

2. 瑞·达利欧. 原则 [M]. 刘波，綦相，译. 北京：中信出版集团，2018.

3. 张宏杰. 曾国藩传 [M]. 北京：民主与建设出版社，2019.

4. 加里·凯勒，杰伊·帕帕森. 最重要的事只有一件 [M]. 张宝文，译. 北京：中信出版集团，2015.

5. 于丹. 于丹《论语》心得（新版）[M]. 北京：生活·读书·新知三联书店，2017.

6. 周岭. 认知觉醒：开启自我改变的原动力 [M]. 北京：人民邮电出版社，2020.

7. 奥赞·瓦罗尔. 像火箭科学家一样思考：将不可能变为可能 [M]. 李文远，译. 北京：北京联合出版公司，2020.

8. 约翰·C. 马克斯维尔. 差异优势：制造差异才是脱颖而出的关键 [M]. 叶红婷，译. 长沙：湖南文艺出版社，2019.

9. 谢春霖. 认知红利 [M]. 北京：机械工业出版社，2019.

10. 吉姆·奎克. 无限可能：快速唤醒你的学习脑 [M]. 王小皓，译. 北京：人民邮电出版社，2020.

11. 池谷裕二. 考试脑科学：脑科学中的高效记忆法 [M]. 高宇涵，译. 北京：人民邮电出版社，2021.

12. 万维钢. 学习究竟是什么 [M]. 北京：新星出版社，2020.

13. 乔希·维茨金. 学习之道：美国公认经典学习书 [M]. 苏鸿雁，谢京秀，译. 北京：中国青年出版社，2017.

14. 莫提默·J. 艾德勒，查尔斯·范多伦. 如何阅读一本书 [M]. 郝明义，朱衣，译. 北京：商务印书馆，2004.

15. 安德斯·艾力克森，罗伯特·普尔. 刻意练习：如何从新手到大师 [M]. 王正林，译. 北京：机械工业出版社，2016.

16. 马尔科姆·格拉德威尔. 异类：不一样的成功启示录 [M]. 苗飞，译. 北京：中信出版集团，2014.

17. 芭芭拉·明托. 金字塔原理：思考、表达和解决问题的逻辑 [M]. 汪洱，高愉，译. 海口：南海出版公司，2019.

18. 海蒂·格兰特·霍尔沃森. 成功，动机与目标 [M]. 汤珑，译. 上海：译林出版社，2013.

19. 丹尼尔·苏斯金德. 没有工作的世界：如何应对科技性事业与财富不平等 [M]. 张文婷，舒蕾，译. 北京：中信出版集团，2022.

20. 琳达·格拉顿，安德鲁·斯科特. 百岁人生：长寿时代的生活和工作 [M]. 吴奕俊，译. 北京：中信出版集团，2018.

21. 达伦·哈迪. 成就上瘾：把成事当成一种习惯 [M]. 庞洋，译. 北京：民主与建设出版社，2021.

22. 王阳明. 传习录 [M]. 张靖杰，译注. 南京：江苏凤凰文艺出版社，2015.

23. 申克·阿伦斯. 卡片笔记写作法：如何实现从阅读到写作 [M]. 陈琳，译. 北京：人民邮电出版社，2021.

24. 西冈一诚. 高分读书法：成绩大幅提高的秘密武器 [M]. 陈小咖，译. 北京：人民邮电出版社，2019.

25. 塔拉·韦斯特弗. 你当像鸟飞往你的山 [M]. 任爱红，译. 海口：南海出版公司，2019.

26. 吴军. 吴军阅读与写作讲义 [M]. 北京：新星出版社，2021.

27. 杰夫·贝佐斯，沃尔特·艾萨克森. 长期主义 [M]. 靳婷婷，译. 北京：中国友谊出版公司，2022.

28. 洪应明，杨春俏. 菜根谭 [M]. 北京：中华书局，2016.

29. 金克木. 书读完了 [M]. 上海：上海辞书出版社，2007.

30. 赫尔曼·黑塞. 在轮下 [M]. 张佑中，译. 上海：上海译文出版社，2021.

31. 彼得·德鲁克. 旁观者：管理大师德鲁克回忆录 [M]. 廖月娟，译. 北京：机械工业出版社，2005.

32. 约瑟夫·坎贝尔. 千面英雄 [M]. 黄珏苹，译. 杭州：浙江人民出版社，2016.

私藏书单

📖 企业管理类

1.《卓有成效的管理者》（美）彼得·德鲁克，机械工业出版社，2019年

2.《管理的实践》（美）彼得·德鲁克，机械工业出版社，2019年

3.《管理思想的演变》（美）雷恩，中国社会科学出版社，2000年

4.《激荡三十年：中国企业1978—2008》吴晓波，中信出版集团，2017年

5.《大败局》吴晓波，浙江大学出版社，2013年

6.《赢》杰克·韦尔奇，中信出版集团，2005年

7.《基业长青：企业永续经营的准则》，（美）吉姆·柯林斯，杰里·波勒斯，中信出版集团，2009年

📖 经济学

1.《经济学原理》（美）曼昆，北京大学出版社，2015年

2.《小岛经济学：鱼、美元和经济的故事》（美）彼得·D.希夫，安德鲁·J.希夫，中信出版集团，2017 年

3.《魔鬼经济学》（美）史蒂芬·列维特，史蒂芬·都伯纳，中信出版集团，2016 年

📖 政治学

1.《论美国的民主》（法）托克维尔，商务印书馆，2017 年

2.《旧制度与大革命》（法）托克维尔，商务印书馆，1992 年

📖 国学

1.《佛陀传》一行禅师，河南文艺出版社，2014 年

2.《于丹〈论语〉心得》于丹，生活·读书·新知三联书店，2017 年

3.《道德经》老子，北京联合出版公司，2015 年

📖 社会学

1.《乡土中国》费孝通，人民出版社，2015 年

2.《自由在高处》熊培云，新星出版社，2011 年

3.《重新发现社会》熊培云，新星出版社，2011 年

📖 心理学

1.《为何你总是会受伤》武志红，民主与建设出版社，2018 年

2.《乌合之众》[法] 古斯塔夫·勒庞，中国妇女出版社，2017 年

3.《不抱怨的世界》（美）威尔·鲍温，湖南文艺出版社，2019 年

4.《看不见的大猩猩》（美）克里斯托弗·查布利斯，丹尼尔·西蒙斯，北京联合出版公司，2016 年

📖 人类学

1.《人类简史：从动物到上帝》（以色列）尤瓦尔·赫拉利，中信出版集团，2014 年

2.《枪炮、病菌与钢铁：人类社会的命运》（美）贾雷德·戴蒙德，上海译文出版社，2016 年

📖 哲学

1.《哲学与人生》傅佩荣，东方出版社，2012 年

2.《苏菲的世界》（挪威）乔斯坦·贾德，作家出版社，2017 年

3.《哲学的慰藉》（英）阿兰·德波顿，上海译文出版社，2012 年

4.《中国哲学简史》冯友兰，外语教学与研究出版社，2015 年

📖 组织行为学

1.《组织行为学》（美）斯蒂芬·罗宾斯，中国人民大学出版社，2016 年

2.《怪诞行为学》（美）丹·艾瑞里，中信出版集团，2017 年

📖 战略管理

1.《竞争战略》（美）迈克尔·波特，中信出版集团，2014 年

2.《战略管理》（美）迈克尔·希特，中国人民大学出版社，2017 年

📖 思维方式

1.《思考，快与慢》（美）丹尼尔·卡尼曼，中信出版集团，2012 年

2.《创新者的窘境》（美）克莱顿·克里斯坦森，中信出版集团，2014 年

3.《一只特立独行的猪》王小波，北京十月文艺出版社，2017 年

4.《沉默的大多数》王小波，北京十月文艺出版社，2017 年

📖 美学

1.《品味四讲》蒋勋，长江文艺出版社，2017 年

2.《写给大家的西方美术史》蒋勋，湖南美术出版社，2015 年

📖 市场营销

1.《疯传：让你的产品、思想、行为像病毒一样侵入》（美）乔纳·伯杰，电子工业出版社，2014 年

2.《传染：塑造消费、心智、决策的隐秘力量》（美）乔纳·伯杰，电子工业出版社，2017 年

3.《影响力》（美）罗伯特·西奥迪尼，北京联合出版公司，2016 年

4.《引爆点》(加拿大)马尔科姆·格拉德威尔,中信出版集团,2014年

📖 家庭教育

1.《良训传家:中国文化的根茎与传承》韩昇,生活·读书·新知三联书店,2017年

2.《窗边的小豆豆》(日)黑柳彻子,南海出版公司,2018年

3.《好妈妈胜过好老师》尹建莉,作家出版社,2017年

📖 历史

1.《万历十五年》黄仁宇,生活·读书·新知三联书店,2006年

2.《历史的温度》张玮,中信出版集团,2017年

📖 文学

1.《一九八四》(英)乔治·奥威尔,时代文艺出版社,2018年

2.《月亮与六便士》(英)毛姆,时代文艺出版社,2017年

3.《活着》余华,作家出版社,2012年

4.《第七天》余华,新星出版社,2018年

5.《文化苦旅》余秋雨,长江文艺出版社,2014年

6.《我们仨》杨绛,生活·读书·新知三联书店,2018年

📖 投资理财

1.《穷查理宝典：查理·芒格智慧箴言录》（美）彼得·考夫曼，中信出版集团，2016 年

2.《富爸爸穷爸爸》（美）罗伯特·清崎，四川人民出版社，2017 年

📖 励志

1.《干法》（日）稻盛和夫，机械工业出版社，2015 年

2.《致加西亚的信》（美）哈伯德，北京联合出版公司，2015 年

3.《高效能人士的七个习惯》（美）史蒂芬·柯维，中国青年出版社，2018 年

4.《原则》（美）瑞·达利欧，中信出版集团，2018 年

5.《当我谈跑步时，我谈些什么》（日）村上春树，南海出版公司，2015 年

📖 生活类

1.《断舍离》（日）山下英子，广西科学技术出版社，2013 年

2.《100 个基本：松浦弥太郎的人生信条》（日）松浦弥太郎，湖南人民出版社，2014 年

3.《我的旅行哲学》陈丹燕，浙江文艺出版社，2014 年

4.《人间有味是清欢》于丹，长江文艺出版社，2015 年

5.《西藏生死书》索甲仁波切，浙江大学出版社，2018 年

📖 学习类

1.《如何阅读一本书》（美）莫提默·J.艾德勒，查尔斯·范多伦，商务印书馆，2004 年

2.《刻意练习：如何从新手到大师》（美）安德斯·艾力克森，罗伯特·普尔，机械工业出版社，2016 年

3.《异类：不一样的成功启示录》（加拿大）马尔科姆·格拉德威尔，中信出版集团，2014 年

4.《金字塔原理：思考、表达和解决问题的逻辑》（美）芭芭拉·明托，南海出版公司，2013 年

📖 科幻类

1.《三体》刘慈欣，重庆出版社，2010 年

2.《人之彼岸》郝景芳，中信出版集团，2017 年

📖 管理沟通学

1.《非暴力沟通》（美）马歇尔·卢森堡，华夏出版社，2018 年

2.《关键对话》（美）科里·帕特森，机械工业出版社，2017 年

📖 互联网

1.《硅谷百年史》（美）阿伦·拉奥，人民邮电出版社，2016 年

2.《大数据时代》（英）迈尔·舍恩伯格，库克耶，浙江人民出版社，2013 年

私藏影单

土拨鼠之日　乱世佳人　阿甘正传　窃听风暴

无双　波斯语课　寄生虫　无间道

绝望的主妇　心灵奇旅　遗愿清单　海上钢琴师

致　谢

耗时三年，这本书终于出版了。

虽然这本书上的作者只有我一个人，但是我知道这本书包含了太多人的心力和体力。

首先非常感谢鼹鼠的土豆老师，从众多优秀的作者中选择我来写这本书。

在写这本书的过程中，我还是一名参加智元微库组织的写作训练营的学生，是一名学习如何写出一本书的"学生"。在接受了写作导师刘艳静、释若及格格老师等的指导鼓励，借助本书中的"向学习要结果"的方法，边学边写，才终于写出了这本书。

2021年年初到2021年3月，我都在不断地梳理思路、调整结构。

在这个过程中，我自己也产生了对于写作的"**觉察**"，觉得在将自己信誓旦旦的想法落到纸面上的时候，才发现有诸多的不成熟。

但是我坚持按照自己的写作"**策略**"，先将自己的脑中之想、胸中之情一股脑儿地写出来，再逐步修正细化。

按照我的学习原则"3个月一个小目标"，2021年4月到7月暂停写作，复习备考高级经济师。

待高级经济师考试通过后，我又立马进入了写作的状态，却开始出现了"自信危机"。

非常感谢刘艳静编辑在这个关键时刻给我鼓劲加油，告诉我"尽人事，听天命"，并给我分享了许多有用的框架和素材整理方法，让我慢慢坚持了下来。

我也承载着无数寄托，在一度否定、肯定、再否定、再肯定的坚持中，按照自己的计划**"执行"**、按照自己的方式**"创造"**，才把这本书孕育出来。

当我在键盘上敲下最后一个字的时候，我竟然没有了"完稿"的感觉，似乎内心还有更多的思想等待我去挖掘，等待我继续**"精进"**。

学习最终是为了超越自己，我能写出这本书也是因为我超越了自己。

在写书的过程中，我不得不疏于对家庭的照顾，在此对我先生和女儿表示歉意，也由衷地感谢我的父母在这段时间的付出。

感谢每一位读完这本书的读者，愿意听我诉说我在学习路上的故事和体会。

希望大家都可以觉察、策略、执行、创造、精进获得成长，通过学习获得结果，最终超越原来的自己。

永远记住，无论梦想在哪里，学习都将帮你抵达。